UNIVERSITY OF NORTH CAROLINA
PUBLICATIONS OF THE DEPARTMENT OF ROMANCE LANGUAGES

General Editor: ALDO SCAGLIONE

Editorial Board: JUAN BAUTISTA AVALLE-ARCE, PABLO GIL CASADO, FRED M. CLARK, GEORGE BERNARD DANIEL, JANET W. DÍAZ, ALVA V. EBERSOLE, AUGUSTIN MAISSEN, EDWARD D. MONTGOMERY, FREDERICK W. VOGLER

NORTH CAROLINA STUDIES IN THE ROMANCE LANGUAGES AND LITERATURES

ESSAYS, TEXTS, TEXTUAL STUDIES, TRANSLATIONS, SYMPOSIA

Founder: URBAN TIGNER HOLMES

Editor: JUAN BAUTISTA AVALLE-ARCE
Associate Editor: FREDERICK W. VOGLER

Other publications of the Department: *Estudios de Hispanófila, Hispanófila, Romance Notes, Studia Raeto-Romanica*

Distributed by:

INTERNATIONAL SCHOLARLY BOOK SERVICE, INC.
P. O. BOX 4347
Portland, Oregon   97208
U. S. A.

NORTH CAROLINA STUDIES IN THE
ROMANCE LANGUAGES AND LITERATURES:
SYMPOSIA
Number 1

NARRADORES HISPANOAMERICANOS DE HOY
SIMPOSIO

NARRADORES HISPANOAMERICANOS DE HOY

SIMPOSIO

POR

JUAN BAUTISTA AVALLE-ARCE

CHAPEL HILL
NORTH CAROLINA STUDIES IN THE
ROMANCE LANGUAGES AND LITERATURES
U.N.C. DEPARTMENT OF ROMANCE LANGUAGES
1973

ISBN: 9780807891575
DEPÓSITO LEGAL: V. 3.417 - 1973
ARTES GRÁFICAS SOLER, S. A. - JÁVEA, 28 - VALENCIA (8) - 1973

ÍNDICE

Págs.

ACLARACIÓN PRELIMINAR   9

Enrique Anderson Imbert
    LA MANO DEL COMANDANTE ARANDA DE ALFONSO REYES   11

Frances Wyers Weber
    CORTÁZAR: DOUBLES, FIGURES AND OTHERS   21

Jack Himelblau
    REFLEXIONES SOBRE LA GÉNESIS DE *EL SEÑOR PRESIDENTE*   33

José Durand
    LA IRREALIDAD MÁGICA DE ASTURIAS: *LOS BRUJOS DE LA TORMENTA PRIMAVERAL*   41

Carlos Blanco Aguinaga
    SOBRE LA LLUVIA Y LA HISTORIA EN LAS FICCIONES DE GARCÍA MÁRQUEZ   55

Marta Morello-Frosch
    MANUEL PUIG: *LA TRAICIÓN DE RITA HAYWORTH Y BOQUITAS PINTADAS*   73

José M.ª Valverde
    CARTA INFORMATIVA SOBRE UN PROLOGUILLO A *LA CIUDAD Y LOS PERROS*   81

Ana María Barrenechea
    SEVERO SARDUY O LA AVENTURA TEXTUAL   89

ACLARACIÓN PRELIMINAR

Hubo una vez un simposio, en la University of North Carolina, en Chapel Hill, allá en el año de 197..., sobre *Narradores hispanoamericanos de hoy*. No quiero precisar mucho más la fecha, por el consecuente y natural rubor que me entra al pensar en todo el tiempo que ha pasado entre tan amistosa reunión y la impresión de sus actas. Si el rubor es natural se debe al hecho de que en gran parte la culpa de tanta demora ha sido mía, como editor que soy de esas actas, y director de la colección en que aparecen. Bien es cierto que nunca he querido monopolizar nada, ni siquiera la culpa de hoy, y por eso debo confesar que algunas comunicaciones me han llegado tarde, y una, de un amigo tan querido como admirado, no me ha llegado ni llegará, debido a las múltiples ocupaciones y compromisos suyos.

Por lo demás, no hay para qué recalcar la importancia mundial que tiene la narrativa hispanoamericana actual. Se trata de algo tan obvio, que el viejo maestro Pero Grullo podría sentar cátedra sobre ello. Sólo recordaré que algo tan alejado de Hispanomérica, al menos en sentido geográfico, como lo es la comisión que discierne los premios Nobel, ha reconocido en años recientes la talla internacional del guatemalteco Miguel Ángel Asturias. No en balde en nuestro simposio dos de los participantes centraron su atención en la obra de Asturias.

Claro está que el simposio no se planeó en ningún momento como un muestrario completo de la narrativa hispanoamericana de hoy. Y si se me permite a mí una perogrullada, es natural que las actas sean tan incompletas como el simposio. Por eso, y no por ningún otro motivo, faltan nombres como el del patriarca Borges, o el del cubano Alejo Carpentier, o el del chileno José

Donoso, o tantos otros nombres que todo lector suplirá, según su gusto literario o su convicción política.

Pero no ha sido mi intención de hoy, ni resumir el contenido vital del simposio, que sería machacar en frío, debido al tiempo transcurrido, ni su contenido intelectual, que ahora, por fin, está a la vista de todos. Sólo quiero agradecer públicamente a cada uno de los participantes el permiso que me han dado para publicar sus ponencias, y a mis colegas del Departamento de Lenguas Romances por el cordial apoyo que ofrecieron en los ajetreados días del simposio. Sólo es justo, sin embargo, descorrer brevemente el velo del anonimato colectivo, para destacar los nombres del director de dicho Departamento, Jacques Hardré, y de mis colegas María A. Salgado y Fred M. Clark, por su ayuda de reconocida efectividad.

Juan Bautista Avalle-Arce

LA MANO DEL COMANDANTE ARANDA DE ALFONSO REYES

Enrique Anderson Imbert
Harvard University

Me propongo examinar en algunos cuentos de Alfonso Reyes —especialmente en "La mano del comandante Aranda"— la técnica de hacer literatura con la literatura. Como una abeja que libase, no en la flor, sino en la miel, Reyes era un maestro en laboriosas reelaboraciones. Conocía, además, las leyes de esa alquimia. Porque estamos ante un creador que también era un crítico, comenzaré por resumir las referencias al arte de contar que Reyes dejó en su teoría de la literatura.[1]

El hombre —dice— es capaz de autocontemplarse e intuir dentro de su conciencia el valor estético de una experiencia personal. La actividad que llamamos 'Literatura' es la expresión en letras de esa intuición. La literatura se apoya en un mínimo de realidad y desde allí opera con máxima fantasía. Su intención es inventar un mundo libre que se destaque del mundo real. O sea, que la literatura es fingimiento, ficción. Una obra de ficción, en cuanto mero lenguaje, dispone de dos funciones materiales: prosa y verso. Y en cuanto a sus modos mentales de atacar la realidad, se manifiesta con tres funciones formales: poesía,

---

[1] Reyes intentó varias veces sistematizar su Teoría de la Literatura. Véanse, en sus *Obras completas* (hasta ahora diecinueve volúmenes) (México: Fondo de Cultura Económica, 1955-68): *La crítica en la edad ateniense, La antigua retórica* (vol. XIII), *La experiencia literaria, Tres puntos de exegética literaria* (vol. XIV), *El deslinde, Apuntes para la teoría literaria* (vol. XV); y, en otras ediciones, las páginas complementarias: *Al yunque* (México, 1960).

drama y narrativa. La función narrativa nos cuenta un suceder ficticio: acciones ausentes en el espacio y pretéritas en el tiempo. En un cuento —como en cualquier otro producto literario— podemos caracterizar por un lado su materia y forma, unificadas lingüísticamente, y por otro la dirección psicológica implícita en el texto. Entre esas características —difíciles de trazar porque se desplazan y confunden— Reyes señala el *asunto*, que es la suma de datos contenidos en el cuento; el *género*, que es una convención variable, condicionada por la historia y susceptible de hibridismos (por ejemplo: los ensayos-cuentos y los cuentos-ensayos, los diálogos-cuentos y los cuentos-diálogos del mismo Reyes); y, ya en un plano de pura arbitrariedad porque el cuentista las elige y configura a su capricho, las características de los elementos y el tema. Los *elementos* son procedimientos de ejecución artística que entretejen detalles en la urdimbre del cuento. El *tema* es una constelación reiterativa que surge de la memoria ancestral de la especie. "A mayor reiteración —dice Reyes—, mayor virtud temática: el tema es moneda que el uso va paulatinamente acuñando, en lugar de borrar su busto. No significa esto que todo tema proceda de una imitación sobre antecedentes ya establecidos. Aunque así sucede las más veces, lo esencial del tema parece responder a un equilibrio espontáneo de la imaginación, y así pueden darse temas semejantes entre literaturas o tradiciones folklóricas que se ignoran unas a otras."

Ahora bien: según Reyes no hay nada que pase por la mente del escritor que no pueda convertirse en literatura. La temática literaria aprovecha todas las construcciones de la cultura, incluyendo las de la literatura misma. "Ensanches," llama Reyes a esos aprovechamientos. Y uno de los "ensanches" ocurre cuando un cuentista caracteriza su cuento con asuntos, géneros, elementos y temas de cuentos preexistentes.

Alfonso Reyes escribió cuentos directamente extraídos de la realidad exterior y de sus íntimas experiencias, pero ahora quiero ocuparme de aquellos otros que se apoderaron de una materia ajena.[2] Voy a clasificarlos según los modos de usufructuar una herencia narrativa.[3]

---

[2] Concha Meléndez, "Ficciones de Alfonso Reyes," *Libro jubilar de Alfonso Reyes* (México, 1956); J. M. González de Mendoza, prólogo a

1. Cuentos con duplicaciones interiores en los que un narrador encaja un cuento dentro de otro. En *Los siete sobre Deva* uno de los personajes cuenta, a su vez, el cuento "El sillón de sorpresas" (VM).
2. Cuentos que, sin indicar la fuente, utilizan elementos de cuentos conocidos. En "La cena" el detalle final del protagonista que despierta con una flor en el ojal —flor del jardín soñado—, deriva del detalle de la flor que el protagonista de *The Time Machine* (1895) de H. G. Wells trae de su viaje al futuro (PO).
3. Cuentos que declaran su filiación con un tema tradicional, del que ofrecen una variante. En "San Jerónimo, el león y el asno" Reyes da el texto primitivo y describe el proceso de transmisión (M).
4. Cuentos que son secuelas de otros. "El fraile converso" continúa la desventura de Friar Peter y Bernardine, "a dissolute prisoner," a partir del punto en que Shakespeare la dejó en la última escena de *Measure for Measure* (PO).
5. Cuentos que cambian la circunstancia, el país, la atmósfera, la época y aun el nombre de personajes de cuentos famosos. *Los tres tesoros* (México, 1955) es una versión mexicana de *The treasure of Franchard* de Robert Louis Stevenson. A veces Reyes traduce literalmente; por lo general reduce la acción a puro diálogo; omite, altera e inventa situaciones y personajes; el tono, el propósito y la moraleja son diferentes; la trama, sin embargo, es la misma: un niño, para asegurar la felicidad del hogar, despoja a su padrastro del tesoro que encontraron juntos y lo restituye sólo cuando sabe que así serán todos felices.

Verdad y mentira (Madrid, 1950); Ernesto Mejía Sánchez, prólogo a *Vida y ficción* (México, 1970); María Elvira Bermúdez, "Alfonso Reyes y su obra de ficción," *Páginas sobre Alfonso Reyes* (Monterrey, 1957). Para un estudio sobre los ensayos de Reyes —y una bibliografía de conjunto— véase James Willis Robb, *El estilo de Alfonso Reyes* (México, 1965). Para comprender mejor el gusto de Reyes en literaturizar la literatura recuérdense las rutas iluminadas por Raimundo Lida, "Alfonso Reyes y sus literaturas," *Letras hispánicas* (México, 1958).

[3] Indicaré los títulos con estas iniciales: VM, *Verdad y mentira* (Madrid, 1950); PO, *El plano oblicuo* en *Obras*, III; M, *Marginalia*, primera serie (México, 1952); TO, *Tren de Ondas* en *Obras*, VIII; QP, *Quince presencias* (México, 1955); JS, *Junta de sombras* en *Obras*, XVII.

6. Cuentos cuyos personajes son personajes de obras clásicas. En "Lucha de patronos" Odiseo y Eneas discuten sus respectivos méritos (PO). Véase tabién "Una aventura de Ulises" (*Obras*, I).

7. Cuentos con escritores reales como protagonistas. "Aparece Rubén Darío" (TO) o el diálogo de Pitágoras y Jenofonte en "Los filósofos de las islas" (JS).

8. Cuentos tan llenos de referencias a otras ficciones que revelan la voluntad de insertarse en una biblioteca de la que se está orgulloso. En "Diálogo de Aquiles y Helena" el escenario es "la cabeza de Walter Savage Landor": "Este diálogo acontece inmediatamente después del que escribió Landor" (PO).

9. Cuentos con un personaje que seduce a otro usando como armas libros de ficción. En "Pasión y muerte de Dona Engraçadinha" un sinvergüenza avasalla a una mujer excitándola con lecturas libidinosas (QP).

He enumerado estas clases de cuentos para que sirvan como fondo y así luzca mejor la singularidad de "La mano del comandante Aranda" (QP), que es el cuento que ahora analizaré.

El comandante Aranda ha perdido la mano derecha en acción de guerra. Decide conservarla, disecada. La guarda en un estuche, en la caja de caudales. Después, en la vitrina de la sala. Después, sobre la mesa, donde la usa como pisapapeles. A la mano le crecen las uñas: la manicura tiene que recortárselas cada semana. Los niños le pierden el respeto y aun se rascan con ella. La mano va percatándose de su personalidad. Se mueve ahora como tarántula. Corre, vuela, practica ejercicios físicos, se inmiscuye en la vida doméstica, hace travesuras, pellizca a las visitas, sale de noche y roba, cada vez más desobediente, cada vez más ágil y fuerte. Al final....

Pero dejemos el final para el final, porque el final del cuento de Reyes es lo único sorprendente. El tema mismo de la mano autónoma no sorprende. Apareció en los primeros monumentos de la literatura y ha llegado hasta nosotros a lo largo de diferentes caminos. He coleccionado medio centenar de narraciones donde hay manos que, separadas del cuerpo, actúan con voluntad propia. Pero mi propósito no es desplegar ni fichero. Mucho menos ocuparme de las interpretaciones antropológicas y psicoanalíticas. Me limito al cuento de Alfonso Reyes y, por tanto, debo dejar de lado las manos que hacen milagros en la Religión y el Folklore. Por ejemplo, en la Biblia (Libro de Daniel, cap. V) una mano humana escribe sobre la pared un anuncio de muerte para el rey Belsasar, pero esa mano, enviada por Dios, es factor de una acción que se supone real y no libre juego ficticio. Tampoco me interesan las manos que, por mera exageración retórica, se mueven agresivamente después de cercenadas. Lucano, en la *Farsalia* (Libro III), combinando antiguos episodios, describió la mano de un griego que, tronchada por un hachazo, siguió prendiéndose, con los músculos contraídos, al barco romano. Lucano influyó en *La Araucana* de Ercilla —donde los españoles le cortan las manos a Galbarino— y Ercilla influyó en el *Arauco domado* de Pedro de Oña, donde la mano derecha de Galbarino salta del muñón, golpea el rostro de un cristiano, se revuelca y araña la tierra. Son movimientos espasmódicos que duran un instante, nada más. Ni siquiera me interesan en esta ocasión las manos que, independientes del cuerpo, intervienen en el relato de acciones misteriosas y aun determinan el destino de sus personajes pero luego quedan explicadas por la superstición, el miedo, la locura, el crimen, la pesadilla, el engaño o la alucinación. Acaso la obra maestra en este tipo de relato sea "An authentic narrative of the ghost of a hand," cap. XII de *The House by the Churchyard* (1864) de Sheridan Le Fanu: no es una mano seccionada del cuerpo, sino una mano fantasmal que se aparece mientras su dueño permanece invisible. La mano, blanca, gorda, pesada, repelente, se mueve como un sapo, golpea en la ventana con los nudillos, invade la casa, aterroriza y amenaza; pero Sheridan Le Fanu la presenta como parte de la superstición popular de una casa encantada.

El tema de la mano destroncada que adquiere autonomía de intenciones y movimientos llegó a Reyes por el camino de la literatura francesa.

Ante todo, el cuento de Gerard de Nerval, "La main enchantée" (en *Contes et Facéties*, Paris, 1852). En París, en el siglo XVIII, un mago predice a Eustache Bouteroue que morirá ahorcado por la justicia. En otra ocasión en que un militar ha desafiado a duelo a Bouteroue, el mago le ofrece dotar a su mano de tal poder que pueda batirse con éxito. Se la sumerge en un líquido mágico y, en efecto, durante el duelo la mano de Bouteroue atraviesa al militar con la espada. La mano, poseída ahora por el demonio, abofetea a un funcionario de la justicia. En vano Bouteroue quiere detenerla. Mientras él ofrece disculpas, la mano sigue dando bofetadas. Lo condenan a la horca; lo ahorcan. Ya ahorcado, la mano se agita en el aire. El verdugo, que también ha sido abofeteado por la mano, la troncha de un hachazo. Ensangrentada, la mano cae en medio de la muchedumbre, que retrocede y le abre paso, pues la mano ahora está avanzando como un cangrejo y se va a casa del mago...

Guy de Maupassant escribió dos cuentos con un tema parecido.

El primero —"La main écorchée"— fue burdo. Lo publicó en el *Almanaque de Pont-a-Mousson,* 1875, con el seudónimo 'Joseph Prunier.' Un hombre se trae de Normandía la mano de un asesino, ejecutado en 1736, y esa mano lo estrangula. Un amigo del estrangulado acompaña sus restos a Normandía. Mientras lo entierran se descubre la sepultura del asesino a cuyo cadáver lo habían mancado. La mano, ahora, está ahí, junto a su esqueleto.

Maupassant mejoró el tema con "La main" (*Contes du jour et de la nuit,* 1885). Un juez cuenta un crimen increíble, con visos sobrenaturales. En un pueblecito de la isla de Córcega vive un inglés huraño y excéntrico de quien se dice que ha cometido un crimen espantoso. El juez consigue que el inglés lo invite a su casa. En una pared cuelga la mano encadenada de un enemigo. Un año después estrangulan durante la noche al inglés. El juez mira hacia la pared: la mano ha desaparecido. Examina el cadáver: por la boca se le asoma un dedo, cortado con una dentellada. Dos posibilidades: primera, que la mano, como un escorpión o una araña, ha roto la cadena, ha bajado por la pared, ha caminado por la casa y ha acogotado a su enemigo; segunda, que el propietario de la mano no estaba muerto, ha venido a reintegrarse con su despojo y de paso se ha vengado.[4]

---

[4] La idea de venganza —en Nerval y en Maupassant— reaparece en un cuentecillo nada original de Ramón Gómez de la Serna: "La mano," *Greguerías* (1918). Reyes debió de haberlo leído en sus años de Madrid, cuando admiraba a Ramón y escribía sobre él. También reaparece, impresionantemente, en varios cuentos que no sé si Reyes habrá conocido. El mejor, de William F. Harvey, es el que presta su título a la colección

¿Cómo usó Alfonso Reyes ese tema? El mérito de "La mano del comandante Aranda" consiste en que Reyes dio a la mano conciencia de ser un tema literario. Veámoslo más despacio.

Reyes fechó su cuento en febrero de 1949 pero lo guardaba desde tiempo atrás. Debió de haberlo esbozado después de leer el ensayo de José Moreno Villa, *Doce manos mexicanas* (México, 1941). Más: es posible que el folleto de Moreno Villa haya llamado la atención de Reyes sobre sus propias manos y que al mirárselas con ojo de quirósofo se le ocurriera el cuento. En esos años Reyes se divertía con la idea de la quiromancia.[5]

The beast with five fingers. Twenty Tales of the Uncanny (1928): una de las manos de Adrián desarrolla la capacidad de escritura automática. Muerto Adrián, se encuentra un testamento ológrafo que dispone le corten una mano a su cadáver y la envíen a su sobrino. Así lo hacen; y el sobrino recibe una caja, de la que la mano se escapa como una bestia de cinco dedos. Engaña con falsos mensajes escritos, se entromete en la vida doméstica, lucha. Tienen que clavarla en un madero. Vuelve a escaparse: vengativa, quiere meterse en la casa por una chimenea. Cuando, para quemarla, encienden la chimenea, la casa arde y la mano, chamuscada, mata al sobrino. Otros cuentos de tema parecido: Maurice Sandoz, "La mano peluda," *Souvenirs fantastiques* (Lausanne, antes de 1944); Louis Golding, "A tale of the Serbian Woods. The call of the hand," *This Wanderer* (New York, 1935). En la literatura hispanoamericana hay varios relatos con personajes-manos: Ricardo Palma, "La bofetada póstuma," *Tradiciones peruanas;* Rubén Darío, "La larva," *Cuentos completos,* y caps. II y V de *La vida de Rubén Darío escrita por él mismo* (Barcelona, 1915); Leopoldo Lugones, "El milagro de San Wilfrido," publicado en *El Tiempo* (Buenos Aires, 15-IV-1897) y recogido en *Las fuerzas extrañas* (1906); Hugo Wast, "La mano cortada," *Obras completas de H. W.* (Madrid, 1957); Juan Liscano, "Leyenda del salvaje durmiente," *Nuevo Mundo Orinoco* (1960).

[5] Véase el ensayo de Reyes "El arte quiromántica" (noviembre de 1943) en *Los trabajos y los días* (México, 1945). Allí dice: "José Moreno Villa publicó hace poco un ensayito, acompañado de dibujos, sobre las manos de algunos escritores, señalando particularidades que le parecen reveladoras y expresivas. El glorioso viejo Henri Focillon [...] dejó entre sus papeles inéditos un *Elogio de la mano* [...], página que considero como un documento clásico." A continuación la traduce en parte y agrega: "A duras penas resistimos a la tentación de copiar aquí todo el ensayo." En "La mano del comandante Aranda" vuelve a referirse a Moreno Villa y Focillon. El folleto de Moreno Villa, *Doce manos mexicanas* (México, 1941), fue ampliado y recogido en "Un ensayo de quirosofía: dos tandas de manos mexicanas," *Los autores como actores y otros intereses literarios de acá y de allá* (México, 1951): en esas páginas Moreno Villa describe y dibuja la diestra de Reyes. (He visto en casa de Ernesto Mejía Sánchez un vaciado escultórico de esa mano de Reyes que tantas veces estreché

Como quiera que sea, ya estaba medio escrito en 1944 porque en una conferencia de ese año —*2 exclusivas del hombre: la mano y el tiempo* (México, 1945)— José Gaos alude al cuento de "las andanzas de una mano desprendida del cuerpo" que Reyes "mantiene inconcluso" e "inédito." Reyes, a su vez, lee el libro de Gaos; y cuando edita "La mano del comandante Aranda" menciona, dentro de su texto, el libro donde Gaos había mencionado "La mano del comandante Aranda." Como en dos espejos enfrentados, la imagen de la mano se refleja de Reyes a Gaos, de Gaos a Reyes, de Reyes a Gaos.... Pero hay otro juego de espejos mucho más fascinante: Nerval-Maupassant-Gaos serán el espejo donde la mano del comandante Aranda se vea a sí misma.

Y ya es hora de saltar al final de "La mano del comandante Aranda." La habíamos dejado inmiscuyéndose en la vida doméstica, cada vez más desobediente, cada vez más ágil... "Pero una noche", dice Reyes:

> Pero, una noche, la mano empujó la puerta de la biblioteca y se engolfó en la lectura. Y dio con un cuento de Maupassant sobre una mano cortada que acaba por estrangular al enemigo. Y dio con una hermosa fantasía de Nerval, donde una mano encantada recorre el mundo, haciendo primores y maleficios. Y dio con unos apuntes del filósofo Gaos sobre la fenomenología de la mano.... ¡Cielos! ¿Cuál será el resultado de esta temerosa incursión en el alfabeto?
>
> El resultado es sereno y triste. La orgullosa mano independiente, que creía ser una persona, un ente autónomo, un inventor de su propia conducta, se convenció de que no era más que un tema literario, un asunto de fantasía ya muy traído y llevado por la pluma de los escritores.

Y el cuento termina describiendo a la mano que se encamina acongojadamente hacia la vitrina de la sala, se acomoda en su estuche y se deja morir. Esto es: se suicida.

---

en Buenos Aires y en México.) El *Eloge de la main* de Focillon está en la re-edición de *Vie des formes* (Paris, 1939). En "El arte quiromántica" arriba citado Reyes examina la obra de Charlotte Wolff, *The Human Hand* (New York, 1943), "compendio popular que pone al alcance de todos cuanto hoy parece averiguado sobre la materia."

Repárese en que no se trata de que Reyes haya leído a Nerval, a Maupassant y a Gaos y se refiera a sus escritos como objetos reales, exteriores a él y aun exteriores al cuento que está contando. No. Se trata de que la protagonista del cuento —la mano— es quien lee a Nerval, a Maupassant y a Gaos, y porque los lee su conciencia da un vuelco y, como en un vértigo, se ve a sí misma y comprende qué es.

Reyes, al principio de "La mano del comandante Aranda," nos había comunicado sus meditaciones sobre la importancia de la mano en la teología, la biología, la etnografía, la historia, la quiromancia, la literatura, las artes; y al hacerlo nos comunicó la bibliografía sobre la materia. Todas esas referencias, a la manera del Ensayo, son características del discurso intelectual. La prosa discursiva se refiere a acontecimientos, si no exteriores, por lo menos lo bastante independientes para que puedan rendirse en cualquier código de signos y traducirse de idioma a idioma. La prosa poética, en cambio, tiene fijeza lingüística y es intraducible: se refiere a acontecimientos que, en forma de palabras, existen únicamente en el interior del texto. En el caso de un cuento —que en esto es igual a un poema— son palabras únicas las que van desarrollando la ficción de personajes comprometidos en una situación irreal. En "La mano del comandante Aranda" hay dos grupos de tiempos verbales que corresponden por un lado al comentario ensayístico y por otro al relato de la acción. El comentario usa con más frecuencia los tiempos del presente y del pretérito perfecto que son característicos de una situación abierta a la vida real: "*Meditemos*.... El hombre biológico *evoluciona* merced al servicio de su mano y su mano *ha dotado* al mundo de un nuevo reino natural...." La narración usa con más frecuencia los tiempos del pretérito, del pretérito imperfecto y del pluscuamperfecto que son característicos de una situación ficticia encerrada en el pasado: "*Rayaba* el sol cuando el comandante, que *había pasado* la noche revolcándose en el insomnio y acongojado por la prolongada ausencia de la mano, la *descubrió* yerta...."

Estos tiempos verbales implican una perspectiva sobre la acción.[6] El punto de vista que configura la acción del cuento

---

[6] Para la significación de estos dos grupos de tiempos verbales véase

es el de un Narrador-Omnisciente quien, con el pronombre de la tercera persona, describe a sus personajes —uno de ellos, el comandante Aranda, también ejerce por delegación un poder descriptivo—, analiza los "procesos psicológicos" de la mano animada e interviene con reflexiones más o menos filosóficas.

Reyes sabía que mezclaba lo ensayístico con lo narrativo y aun le parecía bien. En "La fea" (QP) hace decir a uno de sus personajes: "Necesito cortar constantemente mi narración con desarrollos ideológicos. Yo sería un pésimo novelista. Mucho más que los hechos, me interesan las ideas a que ellos van sirviendo de símbolos o pretextos." En "La mano del comandante Aranda," sin embargo, pasa de lo ensayístico a lo narrativo por un puente bien construido: para explicar que la mano sea capaz de leer —condición-clave del cuento— da noticias de la tesis de Jules Romains [Louis Farigoule] sobre la visión por la piel: *La visión extrarétinienne et le sens paroptique* (Paris, 1920). Reyes quedó impresionado por esta tesis. La expuso en 1933 (*Obras*, VI, 291-292) y al volver sobre ella en 1940-1944 —son los años de "La mano del comandante Aranda"— comentó que Jules Romains, por la vía de la metáfora, pudo haber trasladado a la literatura su tesis científica sobre la sensibilidad de la epidermis a la luz (*Obras*, XV, 56-57): es lo que él hizo en su cuento.

Lo valioso de "La mano del comandante Aranda" no es la prosa discursiva con que comienza, sino la prosa poética con que termina: la mano, como un Don Quijote al revés, se entera de que es un mero tema literario y se suicida. Así, el final del cuento de Reyes aspira nada menos que a poner al tema mismo un punto final.

Harald Weinrich, *Estructura y función de los tiempos en el lenguaje* (Madrid: Editorial Gredos, 1968).

CORTÁZAR: DOUBLES, FIGURES AND OTHERS

FRANCES WYERS WEBER
University of Michigan

The drama of the self and the other is central in all of Cortázar's works. Most of his stories deal with the problems, sometimes humorous, sometimes terrifying, of what is other than the subject. The novels are all quest novels in which the characters attempt to get through to some undisclosed and mysterious other world ("otra realidad"). Yet what is other is also presented throughout Cortázar's fiction as a threat, a secret promise of destruction. The self that longs for the other also fears the other. This deep duplicity, this simultaneous attraction and repulsion is reflected in theme and characterization, in the shape of the fictions and in the esthetic theories informing them.

The most external or "realistic" treatment of the other is the social one; "other people" — narrow, ignorant, hostile — the bourgeois vulgarians among the Malcolm's passengers. But the other might be a foreign body within the subject, an alien inhabitant, like the soft little rabbits that one character vomits up. Or the others are unknown and unspecified, menacing in some dreadful but undefined way — *mancuspias*, the mysterious presences in "Casa tomada."

A dual reality can be presented through the sudden inversion of opposing planes, say fiction and reality; in "Continuidad en los parques" a reader's absorption in a story becomes, at a given moment, all too literal. In "El ídolo de las Cícladas" an archaeologist, succeeds in totally identifying with the past he is exploring. In "La noche boca arriba" a dreamed world suddenly becomes the real one, or a prisoner's dream of escape is shattered by the reality of imminent death which turns the previous "reality" into an incomprehensible and fantastic dream.[1] In "Las armas secretas" the fusion of the Frenchman and the German is from the beginning associated with the execution in the woods; it grows out of that death. In all these stories one world swallows up another, destroying the subject in the process.

Although most of Cortázar's fantastic stories play on abrupt reversals and double planes of experience, they are not exactly like conventional stories of the double. In that tradition, there are two general types. The first is the division of the self into incompatible or conflicting parts that may be the conscious and unconscious selves, or a real self and a potential one. Frequently the double is an aspect of the self that is repudiated and repressed, as in *Dr. Jeckle and Mr. Hyde*. The other type of double is based not on division but on duplication. This is the kind reported in the psychiatric literature on what is called the autoscopic syndrome. One of the best examples is Dostoevsky's *The Double* in which the author shows quite clearly how the protagonist's strange encounter is intimately connected with his own secret intention not to be himself "Mr. Golyadkin looked as though he wanted to hide from himself, as though he were trying to run away from himself... to be obliterated, to cease to be, to return to dust"[2] (of course, a person who wants not to be himself has, we know, some other self in mind, a finer, purer one than the one that walks the earth).

"Lejana" is the closest to this tradition of the double as duplicate. Alina Reyes feels drawn to the wretched existence of her double from her own comfortable life in Buenos Aires; when they meet and embrace on the bridge in Budapest, Alina becomes

---

[1] The character remembers "un sueño en el que había andado por extrañas avenidas de una ciudad asombrosa, ... con un enorme insecto de metal que zumbaba bajo sus piernas." This is not of course a dream in the normal sense of the word; the ending is fantastic, not realistic and psychological.

[2] *Stories of the Double*, ed. Albert J. Guerard (Philadelphia, New York: J. B. Lippincott, 1967), p. 94.

the other; we might say that her double has stolen her self. The scene recalls the one in *The Double* — the cold winter night, the river, the bridge; the difference between the two accounts is that while Dostoevsky roots the experience in the hidden yearning of the character, Cortázar presents it as an autonomous, unexplained and inexplicable incident. His story is more "fantastic," but that fantasy points to certain associations, certain familiar constellations.

The structure of "Axolotl" is similar to "Lejana." Only the other is not a physical duplicate, but a strange primitive creature, half fish, half amphibian. The narrator here too is drawn towards a mysterious otherness and here too he ends up in the place of the other. This transfer means loss. Before it happens, the first-person speaker realizes that the axolotl are "esclavos de su cuerpo, infinitamente condenados a un silencio abismal, a una reflexión desesperada"[3] and after his transmigration he feels buried alive, "enterrado vivo en un axoltol." He is cut off, separated "en esta soledad final."

Marta Morello-Frosch has suggested that Cortázar's use of the double theme represents not a split in the self but "un enriquecimiento vital," "una ampliación de la experiencia, no una deformación de la misma."[4] Certainly that is just what the character seeks; it is the possibility of this enrichment or enlargement that makes the other or the double so alluring, but the sinister outcome of such a fusion points to a meaning not far removed from the implications of previous versions of the theme.

In the tradition of double literature, the encounter with the double is often fatal. Doubling and death are twin sisters. Otto Rank traced the transformation of the double from an image of the immortal soul in primitive religion to its "modern" presentation as the herald of death; he took this as evidence of the disintegration of the contemporary personality.[5] But it may be

---

[3] *Final del juego* (Buenos Aires, 1969), p. 165.
[4] "El personaje y su doble en las ficciones de Cortázar," *Revista Iberoamericana*, XXXIV (1966), No. 66, p. 330.
[5] *Beyond Psychology* (New York, 1958), 61-101. For an excellent study of the double in literature, see Robert Rogers, *A Psychoanalytic Study of the Double in Literature* (Detroit: Wayne State University Press, 1970).

that the passage from one to the other is almost inevitable, that there is something that tastes of death in man's very effort to create or imagine a soul — or a double — or maybe even a *figura*. In any case, all of Cortázar's stories about dual realities clearly show the tie between doubling and annihilation — or an indescribable horror that stands in its place. In "Una flor amarilla," the narrator kills his double. Even if the subject seeks out the double, the meeting is fatal. The secret desire for the double is a part of the traditional theme too; that desire is itself the destructive obsession.

In his interview with Luis Haars, Cortázar related the double to the figure. "The figures are a sort of apex of the theme of the double, to the extent that they would tend to illustrate connections, concatenations existing between different elements" that seem to be entirely unrelated. "It's a feeling I have that... apart from our individual lots we all inadvertently form part of larger figures." [6] Two points stand out — the idea of the figure (or double) as a means of connection and the idea of the figure as a whole. These ideas immediately call up their opposites — lack of connection and dissociation — and we must assume that these constitute the background of the fascination itself.

This is the scheme given in *Rayuela*. Oliviera from his side experiences disjunction, disharmony and loneliness and so he imagines on the other side unity, ubiquity and peace. He imagines two worlds, this one and the other one, earth and heaven, and he wants to find the passageway, the connection. Like his author, he is always talking about "otra realidad." Yet this very formulation makes the problem insoluble. If you regard life as "un comentario de otra cosa que no alcanzamos," [7] you're not likely ever to get beyond the commentary. The belief in another reality, in the existence of a wall to be broken through, is precisely what keeps Oliviera from living in his "kibbutz of desire." He is always railing against the propensity of Western thought

---

[6] Luis Harss, Barbara Dohmann, *Into the Mainstream* (New York: Harper and Row, 1967), p. 227.

[7] *Rayuela* (Buenos Aires, 1965), p. 522.

to create dichotomies, to define, to distinguish, yet he repeatedly shows himself to be a true heir of his culture by setting up the most imposing dichotomies imagineable.

Oliviera is intermittently aware of this contradiction — after all he is a student of Zen, though his moments of understanding seem to be few and far between. La Maga every so often reminds him that his efforts to attain unity seem calculated to impede it. Cortázar, through the structure of the book, through shifts from serious discussion to high humor, also points up the error of Horacio's ways, although, frequently enough, especially in the usually straight-faced presentation of Morelli's literary ideas, he shows he subscribes to the same endeavor. "The attempt to find a center," Cortázar told Haars "was, and still is a personal problem of mine... *Rayuela* shows to what extent the attempt is doomed to failure."

Horacio thinks la Maga might give him the keys to the kingdom. The sexual act is something like a game of hopscotch or the reading of a mandala, a way to get to the other side. La Maga of course, is unaware of her lover's earnest metaphysical ardor "no sabía que mis besos eran como ojos que empezaban a abrirse más allá de ella y que yo andaba como salido, volcado en otra figura del mundo" (27). For Oliviera la Maga encarnates the compelling attraction of the other world; unconscious, unlettered, unknowing, she swims like a fish in metaphysical rivers. She is a reverse character, made up of everything he is not, just as the other reality is a reverse of this one. If the attempt to achieve wholeness by dividing the world into two uncommunicating realms only tightens the chains of this one, the attribution of total otherness to la Maga makes her from the beginning unreachable. She is unreachable because she is a fantasy, an image of "primeval being," in Oliviera's mind. As she says, "nunca me quisiste, era otra cosa, una manera de soñar" (101). Traveler knows that Horacio pursues not Talita but something else, "era otra cosa." Talita says she doesn't want to be anyone's zombie. But la Maga too was a zombie, the ethereal phantom of Oliviera's desire. Whom is Oliviera pursuing?

He speaks of "tirarse en sí mismo con tal violencia que el salto acabara en los brazos de otro" (120). Yet the passage traces his wavering belief in love as a bridge, "sí, quizá el amor, pero la *otherness* nos dura lo que dura una mujer... En el fondo no hay *otherness,* apenas la agradable *togetherness.* Amor, ceremonia ontologizante, dadora de ser"; but "sin poseerse no había posesión de la otredad, ¿y quién se poseía de veras... quién estaba de vuelta de sí mismo, de la soledad absoluta que representa no contar siquiera con la compañía propia" (120). It is this absolute solitude that constitutes the ontological background of Oliviera's search and of that of the characters of 62 (this passage is from chap. 22 which precedes 62).

The hopelessness of self-possession is played out on several levels in the Buenos Aires part of the novel. Horacio gets together with friend and *dopplegänger* Traveler — although Traveler says *he* is the *dopplegänger,* the "desencarnado" (394). Horacio is drawn to the intimacy of Talita and Traveler; he would like to identify and somehow merge with them. But affection is tied to hatred of the self; love turns out to be the desire to appropriate the other's being "Cómo nos odiamos todos, sin saber que el cariño es la forma presente de ese odio... Todo cariño es un zarpazo ontológico..., una tentativa para apoderarse de lo inapoderable ... en realidad lo que quiero es apoderarme del maná de Manú, del duende de Talita, de sus maneras de ver, de sus presentes y sus futuros diferentes de los míos"...manía de apoderamientos espirituales... nostalgia de anexiones" (450). The bridge scene acts out that mania and in it Talita, as in all such triangles, is really only the apparent or pseudo-object of desire. René Girard has shown very well that the lover longs not for the loved one but for the being of the other, the rival or model.[8] The self as other, the other as oneself. That is why Horacio talks about "un amor que podía prescindir de su objeto, que en la nada encontraba su alimento" (338). Such a search is circular, as the passage preceding the one quoted indicates — a description by Anais Nin of a dream of an endless tower with infinite circling levels, a labyrinthine spiral of perfectly repeating themes (534)

---

[8] *Deceit, Desire and the Novel* (Baltimore: Johns Hopkins University Press, 1965).

(Morelli's image of his book was also a spiral). Oliviera circles endlessly in the snail-shell of the self, the solipsistic nightmare.

In the morgue Horacio talks to Talita just as the madman talks to the corpse of a former inmate "uno de esos seudodiálogos en que el interlocutor lo tiene sin cuidado que el otro hable o no hable siempre que esté ahí delante, siempre que haya algo ahí delante, cualquier cosa, una cara, unos pies saliendo del hielo. Como acababa de hablarle él a Talita... A Talita o a cualquier otro, a un par de pies saliendo del hielo, a cualquier apariencia antagónica capaz de escuchar y asentir" (371). Yet just after that he thinks that "De alguna manera habían ingresado en otra cosa... la última casilla, el centro del mandala, el Ygdrassil vertiginoso por donde se salía... al mundo debajo de los párpados que los ojos vueltos hacia adentro reconocían y acataban" (374). The passage is profoundly ambiguous because we cannot know if the narrator means to show us the final longed-for end of the search or if he means to show us that the goal of otherness is only the last delusion of the solipsist, "el mundo de debajo de los párpados."

This ambiguity characterizes the whole book which never stops wavering between the longing for the other and the fear of the other. For the author, the other is the reader. Morelli had said that the only character who really interested him was the reader. So the narrative of *Rayuela* becomes, as James Irby has said, both a continuation of Morelli's efforts and "a larger verbal counterpart of Oliviera's absurd maze for Traveler, in which he tries to attract yet hold at bay the reader *son lecteur, son semblable, son frère*."[9] The whole idea of a *lector-cómplice* should make us suspicious. After all, any reader is an accomplice, why make such a fuss over it? Morelli and Cortázar exaggerate the differences between their novels and traditional ones because they would like to think that only theirs can be the bridge over to the reader; only theirs can awaken, startle and dislocate him. The postulation of a *lector-cómplice* must be the author's own expression of an anxious gesture towards the other, the reader, who constantly threatens, nevertheless to impose a "visión

---

[9] James E. Irby, "Cortázar's *Hopscotch* and Other Games," *Novel* (Fall, 1967), p. 70.

petrificante" (603). Oliviera's need for Traveler is inseparable from his conviction at the end that Traveler will murder him, and Cortázar's — or Morelli's — need for the reader is accompanied by the fear he will turn him into stone. The pursuit turns into a flight. Nestor Tirri has described Cortázar's circular game as "el perseguidor persiguiendo," an endless alternation of showing and concealing. [10]

Unless, of course, you go crazy. The ending of *Rayuela* works because it is a sort of crazy mixed-up picture of a crazy man — a final humorous comment on the serious and self absorbed craziness of much of the book (how else account for those tiresome intellectual discussions, the endless lists of culture heroes and significant thoughts, "hideas himportantes," bothersome even when written with h's?). The same salubrious madness runs through the episodes with Berta Trepat and the *clochard*. But that craziness is also the delight of fiction. It is when the author abandons fiction — or humor — to plunge into the intellectual reality of one Julio Cortázar that *Rayuela* fails. Maybe that is what Ana María Barrenechea means when she says the novel ends with "el triunfo de este lado de acá." [11]

To return to the notion of the figure, *62, Modelo para armar,* is, according to Cortázar, an attempt to create a novelistic life and action that would not rely exclusively on the interaction of individuals, but rather on a sort of superaction involving the figures formed by a constellation of characters. But we also know that the book is drawn out of the rib of *Rayuela*, precisely out of a part of it that talks about solitude, rootlessness and anxiety. On the level of the action, the *fabula*, we have a series of sad love affairs. Juan loves Helene, Nicole loves Juan, Marrast loves Nicole, and Helene, aloof and inaccessible, apparently loves no one. As a comic and grotesque reflection of these hopeless yearnings, there is the lesbian spinster Frau Marta, a modern day vampire, and her young English prey. That gothic situation is, in turn, paralleled by Helene's seduction of Celia. Helene too is something of a

---

[10] "El perseguidor perseguido" in *La vuelta a Cortázar en nueve ensayos* (Buenos Aires, 1968). The pursuer and persued is a typical double figure (Rogers, p. 62).

[11] "*Rayuela*, una búsqueda a partir de cero," *Sur*, 288 (1964), p. 73.

vampire, with a hypodermic needle instead of fangs, and with at least one death to her credit, that of a young man who seems to be Juan's younger double.

The story builds itself out of a network of linked images of murder and dismemberment: a house in Vienna with a basilisk, a basilisk pin of Helene's, a mutilated doll that conceals some awful, never described object (put there by M. Ochs who also has a basilisk ring) — the basilisk can kill with its look or breath — three lady vampires and a corpse on an operating table. The search for love leads only to loss, vampirism, murder (in one dream Helene is killed by Celia's young lover) — or, worse yet, to the destruction of the lover's image of the beloved.

Structure and narrative point of view heighten the intense and lonely insularity. The characters move in and out of their mutual dream or nightmare — the other reality — the "city" — just as the narrator moves in and out of their minds. These fluctuations, like the conversational "mi paredro" suggest the ebb and flow of self-absorption and self-estrangement. The whole book is circular in design, beginning with Juan alone on Christmas Eve in the Paris restaurant and ending with a remembrance of that scene ("lo había sabido siempre, desde la nochebuena") [12] which shows us that what we might have thought of as a long flashback — most of the novel — was really a timeless web of associations examined in an indefinable present by, alternately, Juan, Julio Cortázar and Calac. [13]

The circularity perfectly matches the homosexual tie at its center — love for the mirror image, for the self in the guise of another (homosexual love makes more obvious the reflexive root of all passionate love — that self-attention so thoroughly examined by Denis de Rougement). Though Helene can also be

---

[12] 62, Modelo para armar (Buenos Aires, 1968), p. 262.

[13] First Juan examines this complex so he can describe it to his friends: "habría que preguntarse si tiene sentido el que estén ahí esperando que empieces a contar" (p. 20). But someone else is watching the emergence of the narrative material; "bien puede suceder... que decir todo eso sea estar todavía más solo en una habitación donde hay un gato y una máquina de escribir" (16); we think we recognize that cat, Cortázar's own Theodore W. Adorno. Yet later we learn that it is Calac who is reporting all this: "La mano apretaba la libreta, y el lápiz se había detenido en la palabra detenido" (244).

seen as loving only herself — her indifference is, as René Girard might say, the other side of her desire for herself. And beyond that is Juan's love for a Helene who is really only his image of her "¿habrás sido una vez más un nombre que levanto contra la nada, el simulacro que me invento con palabras?" (21). The comic and gaudy vampire theme also fits — the extreme of what we might call mixed feelings — the need of the other and the desire to annihilate the other. Traveler had said that he, Talita and Horacio were like vampires united by a single circulatory system (355). And the characters here are like the duplicated parts of some many-limbed Hindu god. It is as if they were all projections of a single consciousness, playing different roles in a pantomine of variety (just as one can sometimes identify oneself in two or more personages of a dream). Graciela de Sola has suggested that this characterization represents the abolition of personality differences that goes with Cortázar's repudiation of the ego.[14] To me, on the contrary, it evokes the internal duplications of a self forever trying to get beyond itself, repeatedly lured by its own mirages which it can never get hold of.

Juan's notion of the *figura* is a last ditch effort to convince himself of the possibility of otherness, not the otherness of individuals but a secret, mysterious otherness behind or beyond us; he would like to believe in a superior presence that incorporates and gives form to our actions "tú y yo sabemos demasiado de algo que no es nosotros y juega estas barajas" (38). In *Último Round*, Cortázar speaks of the apprehension of the *figura* as "ese instante fulgural e irrepetible... la entrevisión de otra realidad" (99). For Juan it is a brief meeting with the real. "De sólo una cosa podía estar seguro; de ese hueco... en el que un espejo de espacio y un espejo de tiempo habían coincidido en un punto de insoportable y fugacísima realidad antes de dejarme otra vez a solas con tanta inteligencia, con tanto antes y atrás y delante y después" (30). The figure as otherness, as an unbearable and fugitive reality, is a momentary break in the lonely autism of thought. It is somehow other than the self and yet a final integration of the self, a way of being both the other and

---

[14] *Julio Cortázar y el Hombre Nuevo* (Buenos Aires, 1968), p. 130.

oneself. Yet the conjuction of those two mirrors might suggest that it is an optical illusion, "un nombre levantado contra la nada, un simulacro inventado con palabras."

In Cortázar's stories the double turns out to be literally a dead end. The *figura* too might offer the characters only an illusory otherness. It might be, for both characters and author, an emblem of continual ambivalence.

REFLEXIONES SOBRE LA GÉNESIS DE
EL SEÑOR PRESIDENTE

JACK HIMELBLAU
Columbia University

Nos proponemos revisar y completar los datos de Miguel Ángel Asturias sobre la lenta génesis de *El Señor Presidente*.[1] Nuestro examen probará que, contrariamente a lo que se supone, el manuscrito de esa novela no se había conservado intacto durante casi quince años hasta que se publicó en 1946. Se ha aceptado sin reservas tanto las fechas ofrecidas por Asturias al final de su epílogo —a saber: Guatemala, diciembre de 1922; París, noviembre de 1925; y París, 8 de diciembre de 1932— cuanto su afirmación de que *El Señor Presidente* surgió del relato "Los mendigos políticos" (relato que, dicho sea de paso, quedó inédito). Según tales fechas debemos concluir que Asturias escribió "Los mendigos políticos" en diciembre de 1922. Sin embargo, en entrevistas y en publicaciones, Asturias sostiene que escribió el relato en noviembre de 1923, poco antes de dirigirse a Europa.[2] He aquí, pues, el primer problema de génesis que debemos despojar: si la novela comenzó a redactarse en 1922 ó 1923 y si en efecto su embrión fue "Los mendigos políticos." Quisiéramos sugerir que la forma embrionaria de *El Señor*

---

[1] Buenos Aires, 1964. Todas las citas de *El Señor Presidente* se referirán a esta edición. Se indicará, entre paréntesis, la página a que pertenecen.
[2] Entrevista con Manuel Mejía Vallejo, "Con Miguel Ángel Asturias," *El Imparcial* (Guatemala, 12 de junio de 1954), p. 3; Miguel Ángel Asturias, "*El Señor Presidente* como mito," *Studi di Letteratura Ispano-Americana*, Núm. 1 (Milano, 1967), 12.

Presidente la debemos buscar en los cuentos "El toque de ánimas" y "Denme un arma" —ambos escritos en 1922. El tema de "Denme un arma" —según el crítico y poeta guatemalteco David Vela, quien nos dijo haberlo leído y corregido— era de un asesinato político cometido por un estudiante revolucionario. Más no sabemos, pues también ese cuento ha desaparecido. En cuanto a "El toque de ánimas," se publicó en la revista *Studium* [3] y relata el siguiente episodio acaecido durante una noche de pascua: los mendigos se juntan para pedir limosna a un sacristán; el sacristán, a punto de doblar el "toque de ánimas," al verlos se conmueve y, después de regalarles las pocas monedas que posee, sube al campanario y hace sonar las campanas, ahora como en un himno a la vida. Es evidente que los elementos fundamentales de "El toque de ánimas" son los mismos que más tarde reaparecerán en *El Señor Presidente*: las figuras de los mendigos, el motivo de la campana, y el marco temporal de la acción narrativa. La curiosa atracción que Asturias siente hacia los mendigos, tan patente en *El Señor Presidente,* se da por primera vez aquí en "El toque de ánimas." En cuanto al motivo de la campana, debemos notar que lo prometido en "El toque de ánimas": "En el reloj del templo las agujas van a alcanzar las ocho. El toque de ánimas debe sonar de un rato a otro. La voz de la campana que reza por los muertos ha de hundir, en el silencio de la noche, la suprema congoja de su grito..." (p. 6), si bien no se cumple en el cuento, sí se da al comienzo de la novela y se da justamente a la hora de la oración. Y no nos olvidemos tampoco que todos estos últimos elementos se repiten luego en el epílogo de *El Señor Presidente* —el estudiante, al regresar a su casa a la hora de la oración encuentra a su familia y a la servidumbre rezando lo equivalente a un toque de ánimas precisamente en el momento en que las campanadas de las ocho rompían el velo de la noche:

> ¡Chiplonglón!... Zambulléronse las campanadas de las ocho de la noche en el silencio....
> El estudiante llegó a su casa, situada al final de una calle sin salida y, al abrir la puerta, cortada por las

---

[3] *Studium*, Año I, Núm. 8 (1922), 6-7. Las subsiguientes citas de este cuento se hacen indicando solamente el número de página.

tosecitas de la servidumbre que se preparaba a responder la letanía, oyó la voz de su madre que llevaba el rosario:
—Por los agonizantes y caminantes... Porque reine la paz entre los Príncipes Cristianos... Por los enemigos de la fe católica... Por las necesidades sin remedios de la Santa Iglesia y nuestras necesidades... Por las benditas ánimas del Santo Purgatorio.... (p. 290)

Establecido, pues, que *El Señor Presidente* sí se comenzó a elaborar en 1922, podemos pasar a Europa para captar otra fase de su gestación. En París, Asturias se junta con Arturo Uslar Pietri y Alejo Carpentier y en el café La Rotonde conversan obsesionadamente sobre el tema de los dictadores latinoamericanos. A lo largo de esas conversaciones, en 1924-1925, el cuento "Los mendigos políticos" comenzó a transformarse en una obra de mayor alcance que Asturias decidió intitular *Tohil*. Así se explica, quizás, la segunda de las fechas del epílogo de *El Señor Presidente*, a saber, París, noviembre de 1925. Con respecto a la tercera (8 de diciembre de 1932), para nosotros esta fecha no señala el momento en que Asturias dio término a su novela. Y nos atrevemos a tanto, por las siguientes razones. David Vela, en su artículo "Miguel Ángel Asturias en tiempo y espacio," escrito en 1936, declara que: "Fruto de sus preocupaciones juveniles, mas en fondo y forma depurada con criterio adulto, es una novela que fragmentariamente conocemos: *Tohil;* la esperamos con otras realizaciones de mayor aliento."[4] Además del artículo de David Vela, poseemos otro dato que revela que Asturias aún a principios de 1939 no había terminado su novela. En el capítulo XXVIII de la primera edición de *El Señor Presidente*,[5] Asturias intercala el poema "Anclamos en los puertos del no ser" para acentuar el estado angustioso de varios personajes (Carvajal, el joven estudiante, el viejo maestro) que están encerrados en una misma celda en la penitenciaría nacional. Tal poema ("Anclamos en los puertos del no ser") corresponde a una poesía que se publicó con el título "Responso" en la sección de 1933-39 de *Sien de alondra*.[6] Ahora bien, una ojeada a la

---

[4] *El Imparcial* (28 de enero de 1936), p. 6.
[5] México, 1946.
[6] Miguel Ángel Asturias, *Poesía. Sien de alondra* (Buenos Aires, 1949), pp. 101-102.

producción poética de Asturias hasta 1939 revela que el autor sólo escribió tres piezas elegíacas durante este tiempo. Lo curioso del caso, es que los tres poemas: "Al oído de mi padre muerto," [7] "Padre muerto," [8] y "Responso" no sólo son de 1939, sino que los tres se escribieron a consecuencia de la muerte del padre de Asturias acaecida el 4 de abril del mismo año. Creemos que Asturias, después de haber incorporado el poema "Responso" a *El Señor Presidente,* lo modificó en la edición subsiguiente por razones estructurales. [9]

Según Francisco Soler y Pérez —uno de sus amigos íntimos— Asturias, hacia fines de 1939, puso los últimos toques a la novela, cambió por tercera vez el título de la obra, de *Tohil* a *El Señor Presidente,* y guardó el manuscrito en el Banco de Occidente de miedo a que el general Jorge Ubico, el dictador de turno, la considerase como una invectiva contra su propio régimen. Caído Ubico —30 de junio de 1944— Asturias retiró el manuscrito del banco y lo volvió a alterar poco antes de mandarlo a México, donde lo imprimirían en 1946. De otro modo no nos explicamos las íntimas semejanzas que existen entre ¡*Ecce Pericles!* de Rafael Arévalo Martínez y *El Señor Presidente,* de hecho tan íntimas que descartamos el azar de una mera coincidencia. ¡*Ecce Pericles!,* reseña histórico-biográfica de la vida del tirano guatemalteco Manuel Estrada Cabrera, si bien se terminó de escribir en 1941, quedó en forma manuscrita hasta 1945, fecha de su publicación. [10] Es posible que Asturias, dentro del pequeño círculo literario de la ciudad de Guatemala, leyera el manuscrito. Más:

---

[7] *Trópico,* Año III, Núm. 25 (abril-mayo de 1939), 5.

[8] *Poesía. Sien de alondra,* p. 101.

[9] En cuanto a las razones estructurales que determinaron la variante de "Responso" en las ediciones posteriores a la de 1946, véase mi estudio "*El Señor Presidente:* Antecedents, Sources, and Reality," *Hispanic Review,* 41, 1 (Winter, 1973), 58-64.

[10] Guatemala, 1945. El prólogo escrito por Julio Bianchi claramente indica que el libro de Arévalo Martínez terminó de redactarse antes de abril de 1941:

              Guatemala, abril 8 de 1941

...Hoy vino a verme Rafael Arévalo Martínez, y a pedirme... que le haga el prólogo para su *Ecce Pericles*... (p. v). (Toda cita hecha de ¡*Ecce Pericles!* será anotada inmediatamente después con la página correspondiente.)

que sacara apuntes de los datos que le interesaban. En todo caso, le hubiera sido imposible incorporarlos a *El Señor Presidente* antes de junio de 1944. Las semejanzas más significativas, es interesante notarlo, tienen lugar durante los episodios finales de la vida de Cara de Ángel en la tercera y última parte de la novela. Así la detención y el encarcelamiento de Cara de Ángel duplican la experiencia horripilante de dos personas: el general mejicano Carrascosa y el guatemalteco Pedro Peláez. Según Arévalo Martínez, el general Carrascosa decide volver a México después de una disputa muy seria que tiene con Estrada Cabrera. Al llegar al puerto de San José, el general Carrascosa se informa, por el coronel Juan María Calderón, que el Presidente, en un telegrama, le pide que regrese de incógnito a la capital para tratar de asuntos secretos. El general Carrascosa, que sabe muy bien que no le queda otra alternativa que la de obedecer, de mala gana acepta esta nueva invitación del tirano y vuelve a la capital escoltado por una guardia militar. Repárese en cómo actúan los soldados en la Estación Central para no atraerse la atención del público:

> Algunos minutos después regresó a Guatemala acompañado de varios soldados que lo guardaban. Al llegar a la estación dieron tiempo a que los viajeros salieran del tren y hasta entonces bajaron... (p. 255),

y compárese ese texto de Arévalo Martínez con el de Asturias cuando describe la actitud de los soldados bajo el mando de otro coronel, el coronel Farfán, momentos antes de detener a Cara de Ángel:

> ...al parar el tren subió a estrecharle la mano con vivas muestras de aprecio. Los otros pasajeros se apeaban más corriendo que andando...; el vagón había quedado desierto en pocos instantes. Farfán sacó la cabeza por una de las ventanillas y dijo en voz alta.
> —Teniente, vea que vengan por los baúles. ¿Qué es tanta delación?... A estas palabras asomaron a las puertas grupos de soldados con armas. Cara de Ángel comprendió la maniobra demasiado tarde.
> —¡De parte del Señor Presidente —le dijo Farfán con el revólver en la mano— queda usté detenido! (p. 271)

El breve diálogo que sigue entre Cara de Ángel y el coronel Farfán, a su vez, recuerda vívidamente el que refiere Arévalo Martínez entre unos esbirros y Pedro Peláez quien, como Cara de Ángel, también intenta marcharse para los Estados Unidos. En *El Señor Presidente* se lee:

> —¡Pero, mayor!... Si el Señor Presidente... ¿Cómo puede ser? ...Venga, hágame favor, venga conmigo; permítame telegrafiar...
> —Las órdenes son terminantes, don Miguel, y es mejor que se esté quieto!
> —Como usted quiera, pero yo no puedo perder el barco, voy en comisión, no puedo...
> —¡Silencio, si me hace el favor, y entregue ligerito todo lo que lleva encima! (p. 271)

Compárese con el diálogo que se da en *¡Ecce Pericles!*:

> —¿Qué hace usted aquí? —le preguntó.
> —Pues ya lo ve, Rodríguez. Me voy a los Estados Unidos.
> —Deme ese cofrecito y sígame. Lo manda don Manuel...
> —Pero si él mismo me dio permiso. Mire: aquí tengo su telegrama de despedida.
> —Nada; obedezca. (p. 297)

Como en el caso descrito del general Carrascosa, también Cara de Ángel vuelve de incógnito y bajo guardia militar a la capital de Guatemala e inmediatamente queda encarcelado. He aquí la descripción hecha por Asturias de la celda en que arrojan a Cara de Ángel:

> La luz llegaba de veintidós en veintidós horas hasta las bóvedas,... (p. 282); ...divagó en alta voz mientras se paseaba por el calabozo que no daba para cuatro pasos,... (p. 282); agarrado a los restos de su cuerpo... pudo medio sentarse, alargar las piernas,... (p. 283); horas y horas pasaba subido en la piedra que le servía de almohada, para salvar los pies de la charca que el agua del invierno formaba en el calabozo. (p. 283)

Si ahora se coteja esta celda de Cara de Ángel con la que Arévalo Martínez describe la reservada para el general Carrascosa se verá que esencialmente son idénticas. El general Carrascosa baja del tren, lo detienen y lo conducen a las bóvedas de San Francisco:

> Lo condujeron por un pasillo oscuro; bajaron algunas gradas; abrieron una pequeña puerta de hierro y lo empujaron a una ergástula que medía metro y medio de ancho por doce de largo; cerraron tras él. La prisión era oscura; no se podía estar de pie; gruesas paredes la circundaban; era el lugar destinado para los enterrados vivos. (p. 255) [11]

Finalmente, en cuanto a la tan conocida muerte de Cara de Ángel, ésta sigue muy de cerca el desdichado fin de Manuel Paz, un político rival de Estrada Cabrera. Después de haberlo encarcelado, nos dice Arévalo Martínez, Estrada Cabrera:

> ...acudió a su ponzoña mejor, haciendo que le doliera más que los martirios materiales una duda atroz: dudó de la fidelidad de su esposa.
> Astutas personas le infiltraban cada vez más la sospecha en el alma. Por último le dijeron que estaba encinta de su mejor amigo y se dejó morir de hambre. La honrada esposa de Manuel Paz le había sido fiel siempre hasta en el pensamiento, y la calumnia de su deslealtad provino de Cabrera. (p. 263) [12]

En suma, las fechas dadas por Asturias deben considerarse sólo como meros índices de la gestación de su novela. La fuente principal de *El Señor Presidente* es la refundición de "El toque de ánimas" y "Denme un arma," ambos escritos en 1922, en "Los mendigos políticos," poco antes de que Asturias se embarcara para Europa. En París, Asturias amplió "Los mendigos

---

[11] "Lugar destinado para los enterrados vivos," dice Arévalo Martínez. No deja de ser curioso que Asturias, en el capítulo XXXVIII de su novela, pone en boca de Cara de Ángel palabras similares momentos antes de despedirse de Camila: "Ya parece que me fuera a morir o me fueran a enterrar vivo!" (p. 267)

[12] Nótese además que también de Cabrera provino la calumnia de la deslealtad de Camila que, igual a la mujer de Manuel Paz, hasta en el pensamiento siempre le había sido fiel a Cara de Ángel.

políticos" hasta darle cuerpo de novela cambiando el título a *Tohil*. Hacia el año 1939 *Tohil* se incorporó el poema "Responso" (es decir "Anclamos en los puertos del no ser") y a fines de 1944 y a principios de 1945, hubo nuevos injertos, trasplantados del *¡Ecce Pericles!* de Arévalo Martínez. Sólo entonces Asturias, sintiendo que *El Señor Presidente* estaba ya completo, lo entregó a los brazos de la imprenta.

LA IRREALIDAD MÁGICA DE ASTURIAS: *LOS BRUJOS DE LA TORMENTA PRIMAVERAL*

José Durand
University of Michigan

Aparecidos en 1946, añadidos luego a la segunda edición de *Leyendas de Guatemala*,[1] los *Brujos de la tormenta primaveral* pertenecen a la época de Asturias que nos da *Hombres de maíz*, cuyo núcleo y fundamento, "Gaspar Ilom," se imprime por primera vez en 1945, sólo meses antes de los *Brujos*.[2] Muchas veces ha mostrado el autor especial predilección por *Hombres de maíz*; bien la podrían compartir los *Brujos*, relato de prehistoria poética, entre nebulosa y reverberante. Y nos hallamos en etapa literaria distinta, más madura que la de sus *Leyendas* y *El señor presidente*.

---

[1] En *Cuadernos Americanos*, México, vol. II, n.º 2, octubre-diciembre de 1946, pp. 31-47. Según Pedro F. de Andrea, Asturias describe allí "la Semana Santa en el pueblecito guatemalteco de Santiago Atlitlán;" no creemos sea un error, sino errata de composición tipográfica, pues nada hay de costumbres cristianas en los *Brujos* ("Miguel Ángel Asturias. Anticipo bibliográfico," en *Revista Iberoamericana*, México, vol. XXXV, n.º 67, enero-abril de 1969, p. 156, n.º 176). Las *Leyendas de Guatemala* aparecen por primera vez en Madrid, 1930, colofón del 18 de abril; como advierte De Andrea, Asturias fecha sus relatos en París, 1925-1930. Sólo dieciocho años después (Buenos Aires, 1948) se publica la segunda edición, que añade los *Brujos* y *Cuculcán;* la traducción francesa de François de Miomandre, prologada por Paul Valéry, es de Marsella, 1932; cuando se publica la reimpresión ampliada de París, 1953, la obra obtiene el premio Sylla Monsegur (De Andrea, núms. 18, 19 y 320). ¿Contarían en ello *Les sourciers de l'orage?*

[2] En *Revista de Guatemala*, vol. II, n.º 2, octubre-diciembre de 1945, pp. 31-47 (De Andrea, n.º 168).

La redacción simultánea de esos textos causa problemas a quien intente estudiarlos en orden cronológico. Ya andaba en borrador *El señor presidente* cuando se escribían las primeras *Leyendas*. Por entonces Asturias proyecta otra novela, *El Alhajadito*, la cual sólo vio luz en 1961; y hacia 1935 escribe un cuento sobre "Venado de las siete rozas," luego incorporado a *Hombres de maíz*. Los *Brujos* proceden de estos tiempos, nada ricos en publicaciones, pero harto fecundos; algo después hallará el tema del cacique Gaspar, el indio que se rebela contra los criollos o *ladinos*, taladores de bosques.[3] Como esos capítulos de *Hombres de maíz*, los *Brujos* llevan adelante procedimientos experimentales ya iniciados en algunas *leyendas:* poetización del mundo en relatos vistos con ojos mayas, pero escritos en lengua literaria de vanguardia y usando audaces procedimientos narrativos. Conviene, pues, tener presentes a la vez los frutos de esa etapa creadora.

* * *

Novela deslumbrante, varia, y desigual como Naturaleza, *Hombres de maíz* aparece como el logro más característico de su autor. La pasión por la tierra, el comprensivo afecto por los indios —y aun los *ladinos*—, el júbilo imaginativo de escritor de vanguardia, encienden estas páginas memorables. Libro difícil, se menciona mucho y se estudia poco.[4] Relato extraño, de libre

---

[3] Giuseppe Bellini, *La narrativa de Miguel Ángel Asturias* (Milano, 1966), cap. II, da útiles noticias generales. Según el propio autor, *El señor presidente* empieza a escribirse a fines de 1922 se continúa en 1925 y aunque se concluye en diciembre de 1932, sólo aparece en México, 1946. La existencia de una versión temprana de esa novela se confirma por testigos como Arturo Uslar Pietri, Alejo Carpentier y otros. Por información directa del autor, que mucho agradecemos, sabemos que el cuento del "Venado de las siete rozas" debió haberse publicado originalmente en francés, traducido por Miomandre; los *Brujos* parecen provenir de este período, algo posterior a las *Leyendas;* cuando concibió la historia del Gaspar nació a la vez *Hombres de maíz;* el libro va fechado en Guatemala, 1945, y Buenos Aires, 1949; vio luz en este último año.

[4] Véase Concha Meléndez, "El mito viviente en *Hombres de maíz*," en *Asomante*, VI, 2 (San Juan de Puerto Rico, julio-septiembre de 1968), pp. 30-47; Giuseppe Bellini, *op cit.*, cap. III; Cesco Vian, "Miguel Ángel Asturias: Romanziere-poeta del Maya d'Oggi," en *Lingua e Cultura*, Milano, 1956, II, 2, p. 1. Ya escrito este trabajo llega a nuestras manos un ensayo

arquitectura novelesca, difiere de cuanto antes se escribió en Hispanoamérica y puede justamente mirarse como obra de encrucijada. Confluyen allí corrientes literarias realistas —la novela de la selva, de la tierra y social, y aun el indigenismo—, pero audazmente transformadas. Si advertimos la época del alzamiento del Gaspar Ilom, a principios de siglo, recordaremos que junto a Guatemala ocurría la Revolución Mexicana, tema literario fecundo. Esa novela de Asturias no se muestra ajena a los géneros realistas vigentes, pero a la vez se tratará de otra cosa. Tampoco nos hallamos ante un texto fantástico, ni expresionista, ni surrealista, aunque sí emparentado con esas corrientes. Obra desconcertante, se le aplica —sobre todo oralmente— cierta etiqueta que por tanto decir acaba por no significar nada: *realismo mágico*;[5] hay en ello varios equívocos: con ese título escribió Franz Roh, en 1925, un ensayo que intentaba explicar las múltiples manifestaciones de un momento de transición en las artes plásticas europeas, el post-expresionismo.[6] Sin referirse para nada a Roh, el propio Asturias declaró en Moscú hacia 1957 que los escritores hispanoamericanos no siempre podían adaptarse al realismo socialista, pues en el Nuevo Mundo se vivía una realidad mágica; tales ideas nacieron como una proclamación de libertad literaria y no como credo o programa estético.[7] Por lo demás, puede dudarse

---

de Ariel Dorfman, incluido en su libro *Imaginación y violencia en América* (Santiago de Chile, 1970), pp. 65-92. También Dorfman se queja de lo mal estudiada que está esa novela de Asturias.

[5] Véase Ángel Flores, "Magical Realism in Spanish American Fiction," en *Hispania*, XXXVIII (Washington, mayo, 1955), pp. 187-192; Flores ha vuelto a ocuparse del tema en repetidas ocasiones. Se ha juzgado necesario restringir los alcances de esta denominación; véase Luis Leal, "El realismo mágico en la literatura hispanoamericana," en *Cuadernos Americanos*, CLIII (México, julio-agosto, 1967), pp. 230-235. La aceptación de un movimiento realista-mágico en el Nuevo Mundo se ha vuelto hoy lugar común; por ello la duda crítica resulta indispensable.

[6] Véase Franz Roh, *Nach-Expresionismus (Magischer realismus)*, (Leipzig, 1925); hay versión española de Fernando Vela (Madrid, 1927). Aun cuando en sus días el ensayo de Roh mereció atención en varios países europeos, Italia en particular, los actuales historiadores del arte no utilizan mucho esas ideas.

[7] Nos dice el propio Asturias que no recuerda haber leído a Franz Roh; él mismo nos ha explicado el sentido de sus declaraciones en Moscú: creencia en la función social de la literatura, pero sin perder la libertad creadora. No puede exagerarse el alcance de un breve pasaje de los *Brujos* donde se

de que el *realismo mágico* —escuela o movimiento— exista en las letras hispanoamericanas.[8] Se trata de una denominación puesta desde fuera.

Las tendencias renovadoras que han enriquecido en este siglo la prosa hispanoamericana de ficción, así en temas como en procedimientos, van desde lo fantástico (con Borges y Cortázar a la cabeza) hasta esos textos poético-narrativos difícilmente clasificables de Arreola, o aquellos juegos de humor al filo del ensayo y el relato que vemos en Macedonio Fernández. Y hay también narraciones poéticas de un realismo exacerbado o alucinante, en Asturias y en autores otras veces fantásticos, como Carpentier, Rulfo o el propio Cortázar. Falta saber si sea indispensable hallar un común denominador para esos y otros creadores experimentales; se esconde allí el prejuicio de creer que hay sólo *una* "nueva narrativa," cuando en rigor tenemos, desde Alfonso Reyes hasta los más jóvenes, tres generaciones distintas, y varias corrientes bien visibles. Ojalá haya ocasión mejor para extenderse en ello.

En todo caso, un supuesto movimiento mágico-realista no logra explicarnos por qué reúne autores tan distintos como Borges, Carpentier, Rulfo o García Márquez. Poco ganaremos alegando las palabras ocasionales de Asturias en Moscú; y si Alejo Carpentier habla de lo "real maravilloso" americano,[9] ello no vale para todas las regiones de América Hispánica ni para todas las tendencias experimentales. Un intento de trazar un panorama histórico exige evitar categorías dudosas y nombres tan seductores cuanto engañosos. Y así ocurre que se den por mágico-realistas textos que llana y sencillamente son fantásticos.[10] Si aceptáramos

---

llama al bejuco "realidad mágica" (§ 3); se trata de una evidente coincidencia.

[8] Hemos interrogado al respecto a varios escritores a quienes se les llama *mágico-realistas*. Juan Rulfo ignoraba que se le considerase así; Enrique Anderson-Imbert y Juan José Arreola han escrito conscientemente relatos fantásticos y poéticos, y si ahora se les clasifica de otro modo, no muestran preocuparse por ello. Lo propio ocurre, como vimos, con Asturias.

[9] Véase Alejo Carpentier, *El reino de este mundo* (México, 1947), prólogo.

[10] Valga un ejemplo: E. Dale Carter, *Antología del realismo mágico* (New York, 1970), con cuentos —todos fantásticos— de Silvina Ocampo, Arreola, Rulfo, Adolfo Bioy Casares, Julio Cortázar, Borges, Anderson-Imbert y Alejo Carpentier. Los textos escogidos son en general excelentes. Pero no se estudia aquí lo fantástico, pese a que esos mismos cuentos de

fácilmente esa tesis en boga, complicaríamos inútilmente la comprensión de Asturias. Suponiendo que el rótulo le viniera bien a dos novelas tan diferenciables como *El señor presidente* y *Hombres de maíz*, ¿cómo aplicársela a los *Brujos*, donde no hallamos rastros de realismo alguno? Pese a ello, los *Brujos* y *Hombres de maíz* ofrecen claras afinidades.

* * *

Los *Brujos* empiezan de manera a la vez vívida y soñada, alucinante y oscura —procedimiento inicial frecuente en el autor:

> Más allá de los peces el mar se quedó solo. Las raíces habían asistido al entierro de los cometas en la planicie inmensa de lo que ya no tiene sangre y estaban fatigadas y sin sueño. Imposible prever el asalto. Evitar el asalto. Cayendo las hojas y brincando los peces. Se acortó el ritmo de la respiración vegetal y se enfrió la savia al entrar en contacto con la sangre helada de los asaltantes elásticos.

Imágenes, sensaciones, quizá presentes, quizá evocadas; visiones fragmentarias de efecto más bien expresionista. De otro lado, la personificación de la naturaleza recuerda el mundo mayaquiché. Si aquí anduviéramos dentro del llamado realismo mágico, faltaría saber adónde se halla lo real. El espíritu, la lengua literaria recuerdan los capítulos iniciales de *Hombres de maíz*. No habrá realismo alguno pero eso sí, pese al carácter onírico del texto, pese a sus intencionales contradicciones, a sus persistentes alusiones a lo inexplicable, la comprensión racional del mito narrado puede muy bien alcanzarse. No se nos va a regalar, hay que ganarla, hay que lanzarse a oscuras en la fantasía, pero con los sentidos bien abiertos. Aquí y allá brincarán imágenes que invitan a proseguir la incierta lectura: "Un río de pájaros desembocaba en cada fruta... las raíces seguían despiertas bajo la tierra... Los gusanos pueden decirlo, no han perdido la cuenta de la oscuridad."

* * *

Cortázar y Rulfo (*La noche boca arriba, Luvina*) se han publicado en antologías internacionales de la literatura fantástica. También figura *Viaje a la semilla*, de Alejo Carpentier, con su tratamiento nada realista del tiempo regresivo.

Aunque nada diga el texto, el autor mismo suele recordar verbalmente que la idea de los *Brujos* procede de los *Anales de los Xahil* (o *de los cakchiqueles*):

> ...Entonces fueron enviados los Brujos de Tormenta Primaveral, para destruir las construcciones, por volcán; ...las construcciones fueron destruidas por los animales Brujos de Tormenta Primaveral. [11]

Cuando a principios de siglo Lugones escribía su *Lluvia de fuego*, tímido aún al presentar un relato fantástico, creyó honesto ayudar al lector con un subtítulo, "Evocación de un desencarnado de Gomorra." Asturias hará cuidadosamente lo contrario: el mejor de los subtítulos posibles se descubrirá en las primeras palabras del último párrafo, "Noticias vagas de las primitivas ciudades." El material narrativo se distribuye en seis capitulillos o parágrafos: dos introductorios refieren cataclismos en que desaparece la vida; luego viene el nacimiento o renacimiento, gracias al agua y a los ríos, de vegetales, animales y hombres. Después aparecerán y desaparecerán, muy a lo lejos, tres fabulosas ciudades. El breve parágrafo final va a modo de epílogo y habla de un último caos. Claro que no se trata aquí, ni por pienso, de lugares históricos de hace cinco, diez o veinte siglos, como Palenque, Copán, Quiriguá y Tikal, ni tampoco de pueblos míticos como Xibalbá o Tulán, a todos los cuales se refiere Asturias en sus *Leyendas de 1930*. Las tres poblaciones perdidas se llamarán "Ciudad de Serpiente con Chorro de Horizontes," "Ciudad de la Diosa Invisible de las Palomas de la Ausencia," "Ciudad de Gran Espejo Saliva el Guacamayo," nombres que aluden a sus fabulosos fundadores. Como en aquellos sonetos renacentistas, sólo el río quedará, el de las Garzas Rosadas. Todos los elementos típicos de estas memorias primitivas irán apareciendo, con saber antropológico pero poéticamente: catástrofes, advenimiento de la vida, erupciones, inundaciones, períodos matriarcales, etapas de homosexualidad, leyes religiosas, pecados, redención; sacerdotes, artistas, comerciantes, astrónomos. Y hasta hallaremos a un ser

---

[11] *Anales de los Xahil* [de los indios cakchiqueles], traducción y notas de Georges Raynaud [al francés], Miguel Ángel Asturias y J. M. González de Mendoza, 3.ª ed. (México, 1964), p. 66.

adánico, especie de Cuculcán o Quezalcóatl maravillosamente aparecido de las aguas marinas, a quien "las algas marcaron sus pies de maíz con ramazones que hacen sus pasos inconfundibles." "Donde deja su huella parece que acaba de salir del mar."[12] Indicación importante: ese material arcaico se expresará en lengua tan abierta a cultismos y neologismos (*humus, aerolito, sulfuroso, polen,* etc.) como a popularismos e indigenismos, pues como lo ha señalado Enrique Anderson Imbert el léxico literario de Asturias, amplísimo, se tipifica por su enorme variedad.[13]

Habrá personajes pero no acción a la cual asistamos directamente. Se narra en tercera persona, se habla de tiempos lejanos e inciertos y el texto, por obra de su carácter extraño, parece a la vez arcaico y modernísimo. Diríamos que se relata hoy algo venido misteriosamente de épocas muy distantes. El tiempo será indefinible, y cuando el autor deba precisarlo escribirá: "años, siglos," con implícito *quién sabe.* Aparece asimismo "una gran mancha, ...excrecencia de civilizaciones remotas y salóbregas." Más adelante se nos habla de "una cronología lenta." La incertidumbre resulta en todo ello consustancial, el tiempo y los elementos parecen transformarse. Por lo cual, aun cuando en los *Brujos* exista un escondido esquema racional, lo más profundo estará en lo irracional. En la catástrofe, en el milagro de la vida, en lo fatídico, en lo indecible, en lo enigmático. Asturias, pues, parte de las cosgomonías mayas a la vez que pretende hacernos entrar en ellas. ¿Va hacia lo indio o más bien viene de lo indígena? *¡Pues y quién sabe!* Y digámoslo así, al modo popular americano, porque las formas coloquiales resultan aquí las más expresivas. Aunque haya una incertidumbre fundamental por ella se logra cierto inesperado sincretismo de lo superrealista y lo indígena:

---

[12] En la "Leyenda del volcán" Asturias alude a personajes llegados de los mares, Nido y sus compañeros. Es curioso observar que el semidiós civilizador venido de las aguas también aparece en Sudamérica: recuérdese el mito colombiano de Bochica, y asimismo al dios Huiracocha, preincaico e incaico, salido del lago Titicaca. En el mismo lago, según otra leyenda, apareció Manco Cápac en unión de Mama Ocllo, su mujer.

[13] "Asturias, como Quevedo, no desdeña nada de la lengua. Al describir asalta con palabras, acumulándolas, plasmándolas, jugando con ellas en jitanjáforas, neologismos, aliteraciones, estribillos. Hace explotar metáforas, ricas en impresiones e ideas." Enrique Anderson Imbert, *Historia de la literatura hispanoamericana* (México, 1956), II, 213.

en ello parece estar la peculiaridad de Asturias. El texto se llama *Los brujos de la tormenta primaveral* en razón del pasaje citado de los *Anales*, pero los brujos no aparecen jamás, *a saber* por qué.[14] Brujos habrá, pero no en ese relato sino en *Hombres de maíz*, la obra contemporánea. Quizá ello se limite a simple procedimiento vanguardista, a la manera, por ejemplo, de César Vallejo en *Se prohíbe hablar al piloto*;[15] pero más bien puede tratarse de un intencional *quizá*, de un *quién sabe*.

Remontémonos al *Popol Vuh*, según la traducción directa de Adrián Recinos. Los gemelos descienden a los infiernos, al reino de Xibalbá, a jugar a la pelota. "¿De dónde venís? ¡Contadnos, muchachos!", les preguntan. "¡Quién sabe de dónde venimos! Nosotros lo ignoramos —dijeron únicamente, y no hablaron más." En la traducción de Asturias y González de Mendoza, hecha sobre la versión francesa de Raynaud, se lee simplemente: "No sabemos, respondieron ellos, sin responder nada más."[16] El comentario del antropólogo Raphäel Girard será el siguiente: "Pero los gemelos no dan a conocer sus nombres. Responden a los de Xibalbá de la misma manera y en los mismos términos desesperantes que usan aún los indios actuales para contestar preguntas indiscretas de sus inquisidores: ¡quién sabe! ¡a saber!"[17] Para Girard, pues, la actitud indígena perdura con tenacidad sorprendente.

---

[14] En cuanto a incertidumbre temporal, recuérdese el epígrafe de "Leyenda del volcán": "Hubo en un siglo un día que duró muchos siglos" —admirable expresión mayaquiché—. La experimentación con el tiempo no era rara en nuestras letras: apuntemos, a principios del xx, *La cena*, de Alfonso Reyes; y más tarde, entre otros, a Teresa de la Parra. Sobre *a saber*, en el sentido de '*quién sabe*,' véase el texto de Girard correspondiente a la nota 17. Leemos en *Hombres de maíz*: "Su lengua garrasposa, caliente, seca, traducía a saber qué angustia" (cap. XIII); otro ejemplo al azar: "...porque a saber a qué horas lo iban a despachar" (Asturias, *El papa verde*, cap. XIV); claro que no faltarán expresiones semejantes: *tal vez, quizás, así dicen*, etc.; y hasta hallamos un *¡sabe Dios!* transformado por labios devotos en "Dios sabe a sus manos," en la "Leyenda del cadejo." Sobre *quizás* < *quiçabe*, véase Corominas, *DCELE*, s. v.

[15] El texto pertenece a los años en que Vallejo colaboró con los creacionistas; luego se recogió en *Poemas humanos*.

[16] *Popol Vuh*, traducción directa de Adrián Recinos (México, 1961), p. 83; *El libro del consejo [Popol Vuh]*, traducción de Georges Raynaud [al francés], Miguel Ángel Asturias y J. M. González de Mendoza (México, 1964), II, 9.

[17] Véase Raphäel Girard, *Le "Popol Vuh." Histoire culturelle des Mayas-Quichés* (París, 1954), p. 164.

Podríamos pensar que en este caso particular la respuesta trata de salvaguardar el mágico secreto de los nombres, tan importante entre los mayas. El propio Asturias recordará que en la Guatemala moderna todos los varones se llaman Juan por ese motivo. Pero no cabe simplificar demasiado. Las palabras de los gemelos no sólo son elusivas, sino también desconcertantes, y el laconismo de los personajes parece sugerir una aceptación silenciosa del misterio. En el *Popol Vuh* como en los *Brujos* hay que penetrar cuerpo adentro en lo irracional. Más aún: Asturias llega a proponernos no sólo lo simplemente fabuloso, como distinguiría Caillois, sino lo irreal fantástico. [18] En la tercera ciudad, escribe, "ya había verdaderas murallas, verdaderos templos y mansiones verdaderas, todo de tierra y sueño de hormiga;" pues al desaparecer la segunda ciudad "los fastos de la cronología de los hombres pintados hacían olvidar a los habitantes lo que en verdad eran, creación ficticia, ocio de los dioses, y les daba pie para sentirse inmortales."

No nos limitemos a una visión esteticista, *indianista* [19] de las cosmogonías mayas; Asturias va más allá del espectáculo y exige la participación del lector, o al menos su inmersión en ese mundo. Para penetrar en mitos y símbolos hay que vivirlos: el *Polifemo sin lágrimas* no lo escribió Alfonso Reyes para ahorrarnos el poema. La cifra primera será aquí Juan Poyé, nuestro primer personaje, cuyo nombre cristiano insinúa el carácter posthispánico de la versión que leemos:

> Juan Poyé buscó bajo las hojas el brazo que le faltaba, se lo acababan de quitar y qué cosquilla pasarse los movimientos al cristalino brazo de la cerbatana [con minúsculas: luego, con mayúsculas, el Cristalino Brazo será un personaje. sucesor de Poyé]. El temblor lo despertó medio soterrado, aturdido por el olor de la noche. Pensó restregarse las narices con el brazo-mano que le faltaba. ¡Hum!, dijo, y se pasó el movimiento al otro brazo, el cristalino brazo de la cerbatana.

---

[18] Véase el prólogo de Roger Caillois a su *Anthologie du fantastique* (Paris, 1958); hay versión española, Buenos Aires, 1967; el autor vuelve a otros aspectos del tema en *Au coeur du fantastique*, Paris, 1965.

[19] Véase Aída Cometta de Manzoni, *El indio en la poesía de la América española* (Buenos Aires, 1939), cap. I.

Mundo caótico, cuya expresión literaria resultará tanto más misteriosa por la llaneza del lenguaje; igual que en los sueños o en escritos rituales, abundan aquí repeticiones y reiteraciones. Pronto sabremos que la mujer, Juana Poyé, dormía. La despierta el marido y ella abre "los ojos de agua nacida en el fondo de un matorral." [20] Más adelante con Juan irá "su mujer, la Juana Poyé, que de él no se diferenciaba en nada, era de tan buena agua nacida." Para el lector atento, ambos, que son uno, son a la vez el agua y el río. Luego sabremos que reaparecerán en la lluvia; volverán en Cristalino Brazo de la Cerbatana y existirán en su descendiente, el Río de las Garzas Rosadas, nexo terreno y vital de todo el relato. Se invita así al lector al placer intelectual de descifrar. Y ese placer, tan de la poesía culterana del XVII, será para Asturias llave con que se ingresa a un mundo pasmoso. Sigamos con Poyé:

> *Algo* pasó. Por poco se les caen los árboles de las manos. Las raíces *no saben* lo que pasó por sus dedos. *Si sería* parte de su sueño. Sacudida brusca, acompañada de ruidos subterráneos. Y todo hueco en derredor del mar. *Si sería* parte de su sueño. Y todo profundo alrededor del mar.

Algo, no saben, si sería: formas que expresan lo desconocido, lo inexplicable. Aquello que de hecho se acepta, ante lo cual se permanece, se aguarda sin más razones. *No más,* digamos nosotros. Como si fuera poco, ese párrafo se repite, casi idéntico, pocas líneas después, y el enigma queda bailando en la mente del lector. Veamos más adelante: "Ciego, casi pétreo, velloso de humedad, el primer animal tramaba y destramaba *quién sabe qué* angustia." Y en otra ocasión se leerá: "*No se supo* a qué venía todo aquel milagro de la vida errante, huidiza." En rigor el tema de lo irracional quedaba planteado ya, con el mayor énfasis, al final del primer parágrafo: "Juan Poyé reapareció en sus nietos... La noticia de Juan Poyé-Juana Poyé termina aquí. Según." Aquel

---

[20] No puede pasar inadvertida la semejanza de la escena inicial de los *Brujos*, donde Juan Poyé se halla inquieto y despierta a la Juana, y el comienzo de *Hombres de maíz,* con el sueño o pesadilla del Gaspar, dormido junto a su mujer. La identidad mítica de Juan y Juana Poyé recuerda la "Leyenda del volcán," donde Monte en un ave es a la vez padre y madre de Nido.

hondo *según* se encontraba ya en la versión publicada en 1946, en *Cuadernos americanos*. Ese efecto seduce al autor, quien debió advertir cómo podía encerrar en dos sílabas la entraña de su relato. Y en el texto definitivo, 1948, acudirá a la misma palabra para rematar el relato entero, añadiéndola y suprimiendo en cambio el último párrafo original. Se lee en la primera versión:

>...Y así fue como perdieron los pueblos su contacto íntimo con los dioses, la tierra y la mujer.
>   Sobre ellos y el árbol que crece, que subía como un globo con pájaros, al compás de sus músicas. Envolvían el árbol que crece en sus sonidos, piedras y maderas resonantes, para acortar sus alcances mágicos. Y bailaban. Los pies levantaban los cuerpos. Enraizar en el aire con los brazos. Las ramas del árbol que se iba alargando, del árbol que crece. Camino de las tribus, bajo la lluvia. Hinchado de lluvia en el corazón de la tierra con raíces. Del suelo para el sol. Hinchado de sol en el corazón del cielo. Enraizar en el aire con los brazos. El árbol se arrancó la máscara. De un tirón su máscara de frutas. Todo su baile era para tener máscara.
>   Las tribus amanecieron perdidas.

El autor no vacila en sacrificar tan hermoso fragmento, y aun ese feliz "enraizar en el aire con los brazos" que por algo reiteraba. En el texto corregido de 1948 hallaremos esta reveladora variante:

>...Y así fue como perdieron los pueblos su contacto íntimo con los dioses, la tierra y la mujer, según.

Todo lo demás se elimina. Nada más eficaz: cuanto se pierde en colorido imaginativo se gana en fuerza y en misterio. Por recurrente, este *según* evoca el final del primer parágrafo y adquiere para el lector sentido cíclico. Proclamación de lo inexplicable, de ese *no más* de un mundo indígena tan sutil cuanto desconfiado de los límites de la razón.

* * *

En los *Brujos* hay confusiones narrativas, se desanda lo andado, se perturba el orden temporal, y con todo ello la incertidumbre se hace más profunda. Por otra parte, tales confusiones resultan a la vez propias de los textos primitivos, transmitidos por tradición oral. Vaya un ejemplo: el río Juan Poyé ha desaparecido en el cataclismo, pero de pronto, líneas abajo, lo tendremos de nuevo. *No más.* ¿Sabremos cómo? *Ni modo.* Como en los sueños, como en los mitos, como en la otra realidad, todo puede ocurrir, y ahí estará otra vez el Juan Poyé. Al principiar los *Brujos* habrá follaje, coyotes, peces, pájaros y cacahuetales; en el segundo parágrafo, tras el cataclismo, entreveremos la creación o tal vez la re-creación de los seres vivos. Pensaremos, claro está, en los ciclos mayas de extinción y renacimiento, pero como el texto se abstiene de puntualizarlo nos hallaremos virtualmente en un ámbito superrealista, vecino de la literatura fantástica (para nosotros los límites de la literatura fantástica son, a su vez, fantásticos). Ciertos hechos, pues, se dan, son *así,* sin más. Hay en ello fatalismo, pero en todo caso andamos lejos del fatalismo estoico, o del providencialismo cristiano, o bien del fatalismo romántico. Y no nos descuidemos: el tema del *quién sabe,* capital dentro del mundo indígena americano, y aun dentro del mundo mestizo, resulta por demás escurridizo, vago, propicio a generalizaciones engañosas o a confusiones precipitadas. El *quién sabe* existe en muchísimas lenguas antiguas y modernas; quizá en todas; de ningún modo aparecerá como exclusivo de una cultura. Cierto, pero jamás se supo que lo exclusivo fuera requisito de lo característico, de lo típico y revelador. El *quién sabe,* por hondamente humano, ha andado siempre en boca de los hombres. Lo que interesa aquí será mirar en qué contextos se da y con qué importancia. Por el momento, bastará saber que se halla en el *Popol Vuh* de manera nada trivial, y que en los *Brujos* parece resultar elemento clave. También tendrá extraordinaria importancia, digámoslo de paso, en *Hombres de maíz.*[21]

No anonadarse ante tanta incertidumbre. Para consuelo de perplejos, Asturias nos regala de vez en cuando con relámpagos poéticos: "las raíces no paraban. Vivir para tejer." "Ceniza de pelo y saliva de sacerdotes amasaron la primitiva religión, cáscara de silencio y fruta amarga de los primeros encantamientos." En esa oscuridad poética se descubre cierto espontáneo fluir, lengua

---

[21] Véase nota 14; convendría estudiar *Hombres de maíz* a la luz del tema de la incertidumbre y lo no racional. Sobre algunos poemas de César Vallejo escribimos en 1961 un ensayo, "Cavilación del *quién sabe,*" aún inédito, relacionado con el presente.

sensual y perezosa que discurre entre lo familiar y el prodigio, con cierto dejarse ir aprendido del superrealismo. Fluir, pues más valen aquí el hallazgo y la entrega que ideales de acabada perfección.

Páginas de textura vegetal, brotan húmedas, olorosas, coloridas aun en el claroscuro; se sienten no en la bilioteca sino bien a la intemperie, raíces enterradas, cuerpo al viento y a la lluvia y al sol. La alucinante fantasía más se da que se construye, y cuando se construye no será al modo tradicional, como en ciertas recapitulaciones desconcertantes: por ejemplo, en el recuento de la historia de las ciudades que leemos en el quinto parágrafo. Como en *Hombres de maíz*, cuentan el poder y el instinto, no el rigor racional. Se guarda así cierta frescura de improvisación, la cual para nosotros anuncia un rasgo del Julio Cortázar cuentista, aun cuando en éste el arte de la improvisación resulta mucho más complicado.[22] La sensibilidad caliente, torrencial, hipertrofiada, guarda puntos en común con la de Alejo Carpentier. Pueblos y campos, con su ensueño, anticipan rasgos de García Márquez.[23] *Los brujos* y *Hombres de maíz*, repitámoslo, aparecen como obras de encrucijada, frescas y audaces hasta hoy, invitación a la libertad y a la creación. En ambos textos, el contraste paradójico entre la espontaneidad poética y un cierto hermetismo revelará la importancia de ambos elementos: la desbordante fluidez y el *quién sabe*. Todo lo cual se hermana en el *no más*.

En el epígrafe de *Hombres de maíz* Asturias escribía: "Aquí la mujer, yo el dormido;" él mismo explicó en otra ocasión que la mujer es la tierra, la tierra del maíz y de sus hombres.[24] Pues bien, al terminar los *Brujos* leemos:

> La vegetación había recubierto las ruinas y sonaba a barranca abajo y charca. ...Bejucos milenarios envolvieron a los dioses para acortar sus alcances mágicos. como la vegetación había envuelto *a la tierra,* como la ropa había envuelto *a la mujer.* Y así fue como perdieron los pueblos su contacto íntimo con los dioses, la tierra y la mujer, *según.*

---

[22] Lo apuntamos en "Julio Cortázar: los cuentos del gigante," en *Américas,* XV, 4, abril, 1963, p. 39 y sigs.
[23] Concha Meléndez, *loc. cit.*
[24] Bellini, *op. cit.,* cap. III.

De la magia indígena y las leyendas sagradas, reales para los mayas, irreales para nosotros, llegamos a un encantamiento verbal y artístico que nos alucina. Convendría no hablar de *realismo alucinante* (concepto aplicable a relatos de Asturias, Carpentier, Cortázar y otros), pues con *literatura alucinante* nos bastaría. Mejor así.

SOBRE LA LLUVIA Y LA HISTORIA EN
LAS FICCIONES DE GARCÍA MÁRQUEZ *

Carlos Blanco Aguinaga
University of California, San Diego

Importa advertir de entrada que no escogemos arbitrariamente el tema de este estudio: la crítica ha insistido ya sobre algunos aspectos de la ambigua historicidad de la obra de García Márquez; por lo que respecta a la lluvia, recordamos que la que cae durante cuatro años, once meses y dos días es clave para la resolución de *Cien años de soledad,* que llueve también lo suyo en *La hojarasca* y *La mala hora,* así como, por lo menos, en tres de sus cuentos más conocidos ("La viuda de Montiel," "Un día después del sábado" y "El coronel no tiene quien le escriba"). [1]

Conviene también de entrada no despegarse demasiado de la realidad recordando que en Colombia llueve mucho: cuatro o cinco meses al año en la vertiente del Caribe, que es donde ocurre todo o casi todo lo que narra García Márquez, y por lo menos 400 pulgadas anuales en las junglas de la vertiente del Pacífico. A este respecto no estará de más que tengamos en cuenta que, con raras excepciones (la de la gran cultura teocrática de Tikal, por ejemplo), en las zonas de alta pluviosidad

---

* Son estas páginas versión ampliada de la ponencia presentada en el Coloquio Internacional sobre "Narradores Hispanoamericanos de Hoy", que tuvo lugar en la Universidad de North Carolina los días 19 y 20 de febrero de 1971.

[1] Podría añadirse a la lista un cuarto cuento, el "Monólogo de Isabel viendo llover en Macondo" (1955), pero como no se trata de abultar porcentajes artificialmente lo considero aquí como parte de *La hojarasca.*

(tipo jungla) no prospera la civilización, es decir la Historia: frente al acontecer histórico, que es acción, consciencia y memoria la lluvia puede, pues, simbolizar lo "natural inconsciente."

(Por lo demás nada impide que el lector tenga presente a lo largo de estas páginas que la lluvia es también, tradicionalmente, símbolo de purificación, y el Diluvio.)

La primera época.

En la que llamaremos la primera época de García Márquez, es decir, en todas las obras arriba citadas salvo *Cien años de soledad* (1967), o sea, en los cuentos y las dos novelas escritos entre 1947 y 1961 y publicados entre 1955 y 1962,[2] la lluvia aparece como correlato objetivo de una opresión histórica por obra de la cual el quehacer de los hombres parece haberse detenido para siempre. No se trata en estos cuentos y novelas de que sea la lluvia la que inmoviliza a los hombres, deteniendo el curso de la Historia: aunque en toda zona de largas lluvias de estación —ya sea el Caribe o Viet Nam— la lluvia obliga una pausa en ciertos tipos de quehacer histórico, la lectura atenta de estas narraciones revela que, con lluvia o sin ella, el mundo que describe García Márquez se encuentra encallado en la inactividad como consecuencia de la opresión política resultante de ciertos hechos históricos ocurridos anteriormente a cada uno de los episodios narrados.

En efecto, son comunes en estos relatos las alusiones a una malhadada historia anterior cuyo origen conocen y recuerdan perfectamente los personajes de mayor edad pero que a nosotros, lectores, no se nos describe con ningún detalle. Se trata de una historia toda luchas al parecer inútiles (alusiones a guerras entre liberales y conservadores, a chapuzas acomodaticias de las que sólo ha resultado la opresión patriotero-retórica, a huelgas fracasadas contra la United Fruit Company, a una brutal represión política...) como consecuencia de la cual, con lluvia o sin ella, ya nada se mueve; una terrible historia pasada, fuente

---

[2] Véase una cronología al parecer definitiva de las obras hasta ahora publicadas por García Márquez en *9 asedios a García Márquez* (Santiago de Chile: Ed. Universitaria, 1969), pp. 174-76.

de la opresión presente, tiene, al parecer, vencido para siempre al hombre.[3] De ahí, por ejemplo, que nos encontremos con un Coronel que estoica, pero rutinariamente, espera durante cincuenta años una pensión de vencido que no le llega. El hecho de que cuando conocemos al Coronel llueva lenta y largamente (aparte de que es la temporada de lluvias) viene a subrayar de manera simbólica el estancamiento de la Historia, su aparente falta de futuro, al igual que refuerzan simbólicamente la idea del lejano origen de la opresión el entierro al que se dirige el Coronel cuando le vemos por primera vez, y la no-carta que hace quince años que no llega para anunciarle la esperada nueva de la pensión merecida desde hace cincuenta.

La lluvia, cuando cae en las ficciones de esta primera época, es, pues, uno de los símbolos posibles que la realidad natural de Colombia ofrece a García Márquez para apuntar hacia la opresión y la inmovilidad aparente de la historia de su país (y de América); opresión de la cual no sabemos de cierto si podrán liberarse sus personajes hasta que no llegamos al final de *La mala hora* (1961).

Pero la Historia no cesa. A lo largo de los años en que ocurre todo lo que narra García Márquez en su primera época (años que, según veremos más adelante, son en la Historia de Colombia *posteriores* al final de *Cien años de soledad*), con lluvia o sin ella, se apunta aquí y allá a la posibilidad de que los personajes empiecen a sacudirse la opresión. Así, por ejemplo, con la muerte de la Mamá Grande se pasa irremediablemente a una nueva coyuntura histórica y parece abrirse la posibilidad de cierta esperanza (aunque sólo sea por el tratamiento burlesco del tema); en "El Coronel..." es evidente el descontento y la voluntad de acción de los jóvenes sastres (amigos del rebelde hijo desaparecido del Coronel) quienes, clandestinamente, empiezan a distribuir volantes de propaganda política; y, por fin, en *La mala hora*, episodio final de esta etapa, empiezan a aparecer los pasquines subversivos por todas las paredes del pueblo:

---

[3] Tal vez sea el estudio de Ángel Rama, "Un novelista de la violencia americana" el que de manera más inteligente y clara relaciona esta opresión con muy concretos momentos de la situación política en Colombia y en América. C. f. 9 *asedios...*, pp. 106-25, en particular pp. 111-19.

hasta cuando más cerrada parece la opresión y más sumiso el hombre, casi misteriosamente —pero con inevitabilidad histórica—, alguien se agita. Las gentes mayores, los vencidos, los que llevan la memoria soterrada de los orígenes de la opresión presente, se asustan, y quisieran que no se hubiese roto el largo silencio porque en la actividad clandestina ven de nuevo el anuncio de malos tiempos por venir: la Historia anterior que han padecido y a la que, bien que mal, han sobrevivido bajo la opresión presente, lleva para ellos una carga demasiado grande de fracasos y muertes. Toda rebelión, toda apertura hacia el futuro, incorregiblemente, circularmente, con el más vulgar escepticismo, les hace revivir derrotas del pasado.

Pero, quieras que no, alguien se agita.[4] Como consecuencia, inevitablemente, empieza a ir en aumento la vigilancia policiaca que, de tanto ser costumbre, parecía haber perdido su dureza; la renovada vigilancia pronto deriva en una represión similar a la que los mayores han sufrido antes; y, por fin, llega el estallido que, seguramente —piensan los mayores—, llevará de nuevo a la derrota y a mayor opresión.

Pronto parece confirmarse la idea de los que niegan todo vivir por causa de lo ya vivido: al final de *La mala hora*, en efecto, "la cárcel está llena" — "pero dicen que los hombres se están echando al monte para meterse en las guerrillas" (p. 202). Momentos después termina la novela —y la primera época de García Márquez— en total apertura hacia el futuro incierto en que los hombres, sin temor al pasado, en desafío radical a toda opresión, seguros de que nada se repite en la Historia, se lanzan a crear su destino en un país de América. Es de notar que para entonces ha cesado ya la lluvia que tanto deprime en *La mala hora*.

Cien años de soledad.

A diferencia de las ficciones anteriores, *Cien años de soledad* no arranca "in medias res," es decir, en un momento cualquiera en el que *ya ha ocurrido* algo clave para la plena comprensión de la narración a que asistimos. Llegará un momento en *Cien*

---

[4] Cf. también Ángel Rama, *op. cit.*, pp. 117-19.

años... en que, como en las narraciones anteriores, se detiene toda actividad histórica; pero ese estancamiento —y final— de la Historia en el que —tras una lluvia de cuatro años, once meses y dos días— acabarán por desaparecer Macondo y los Buendía tarda varios cientos de páginas en llegar. Mientras tanto, hemos asistido a la fabulosa aventura de la fundación de Macondo, de la llegada a Macondo de la "civilización" —es decir: de la entrada de Macondo en la Historia— y, paso a paso, al hacerse y deshacerse de una lamentable historia familiar, local y nacional.

Se empieza, diríamos, al revés. Huyendo de la civilización (costa del Caribe; reminiscencias del pirata Drake y de las luchas del siglo XVII por el control del que será un día el Tercer Mundo), pero a resultas también de un cierto "pecado original," José Arcadio Buendía —el padre de la tribu— y su mujer Úrsula, llegan con sus seguidores al lugar donde fundarán Macondo. Se mantiene durante algún tiempo una situación de vida tribal autosuficiente: por algo nuestro carpintero-constructor (José) se llama también Arcadio: las Arcadias, como la Naturaleza anterior a Macondo, no tienen Historia. Pero no hay vida fuera de la Historia de la que José Arcadio y los suyos han huido (y conviene recordar que el "pecado original" simboliza la entrada del hombre en la Historia o, como decía Unamuno, "la condenación de la idea al tiempo"): quieras que no, a Macondo llegan gitanos que traen cosas e ideas del mundo de "fuera," las que presentan a los aislados habitantes de Macondo no como lo que son —pequeñas muestras de los inventos del "progreso"—, sino como trucos de magia. Despierta en seguida la enorme curiosidad de José Arcadio (curiosidad que es también componente del "pecado original") hasta que, por fin, no aguantando ya más, decide el patriarca salir de Macondo hacia el mundo con algunos de los suyos, en busca de la civilización de la que había huido... sólo para descubrir, *equivocadamente,* que: "¡Carajo, Macondo está rodeado de agua por todas partes!"

Pero ni Macondo está rodeado de agua por todas partes —nada en el mundo moderno es isla [5]— ni importa el error de

---

[5] Me encuentro aquí sólo en aparente contradicción con una idea central del bonito artículo de Iris M. Zavala, "*Cien años de soledad.* Crónica

José Arcadio: si la gente de Macondo no alcanza a llegar a la civilización, la civilización llega a Macondo. Paso a paso la Historia penetra en la vida del pueblo y lo incorpora a su curso: tras las varias apariciones de los gitanos llega un corregidor, luego un cura, más adelante guerras (y a partir de aquí la gente de Macondo no sólo sufre la Historia sino que intenta hacerla), llegan la escuela, el gramófono, la electricidad y, por fin, un tren de 140 vagones y 20.000 obreros que no vienen, claro está, porque sí, sino porque en Macondo hay la posibilidad de algo que interesa a la "civilización": los platanares que pasarán a ser propiedad de la compañía de Mr. Brown, la United Fruit Company.

Para este entonces los Buendía llevan muchos años (de sesenta a ochenta) [6] de incestos y casi incestos, de muertes y fantasmas, de repeticiones y casi repeticiones de nombres y de rasgos genéticos (potencialidad sexual de unos, capacidad de ensueño o de violencia de otros, etc.), de variantes sobre el tema de los fracasos del Coronel Buendía y —cada vez más encerrados en sí mismos— de soledad. Porque los Buendía —para este enton-

---

de Indias" (*Insula*, Núm. 286, sept. 1970): que "para los primeros navegantes, continente eran sólo aquellas tierras dentro del *orbis terrarum*, Europa y el Mediterráneo," lo demás era "isla," e "isla" es, por lo tanto Macondo ya que "no pertenece a Occidente." Absolutamente de acuerdo; sólo que una vez iniciada la expansión de Occidente hacia todas las "islas" que hoy son el Tercer Mundo se desemboca fatalmente en el colonialismo y, por lo tanto, en lo que Marx llamaba "Historia del mundo" (cf. *La ideología alemana*); ya en esta etapa del "internacionalismo" —etapa que es la nuestra y era ya la de los Buendía—, por más que la "metrópolis" —bien sea ésta Londres o Washington— trate a los pueblos colonizados de "isleños," todo aislamiento desaparece en la ceñida urdimbre de las relaciones económicas del capital monopolista internacional. Las modernas relaciones de opresión y dependencia revelan, por una parte, que el país dependiente —llámese Puerto Rico o Bolivia— aunque sigue siendo "isla," es parte de un todo coherente para quienes lo dominan y controlan esas relaciones; grave error sería —tomemos un ejemplo absurdo— que los cubanos de hoy creyesen vivir en una isla, como grave error fue el de José Arcadio al creer lo mismo de Macondo y no poder anticipar, por lo tanto, la llegada de la United Fruit Company.

[6] Con un poco de paciencia podría calcularse exactamente el número de años comparando la información interna que ofrece *Cien años de soledad* con los datos que encontramos dispersos en todas las narraciones anteriores y, todo ello, a su vez, con algunos hechos de la Historia de Colombia a que se alude constantemente en toda la obra de García Márquez.

ces—, con la excepción de las salidas del Coronel, quien a la larga acaba también encerrándose en la tribu y en sí mismo, viven con voluntad de aislarse de la Historia, y, por lo tanto, como quien si en una isla buscase la tierra firme bordeando el mar volvería siempre al punto de partida, creen en la circularidad del tiempo (de ahí tanto nombre propio repetido y casi repetido). Así, aunque en rigor nada se ha repetido en la historia de la familia ni del pueblo, los Buendía entienden todo hecho singular, histórico, como variante de lo ya vivido.[7] Ello es especialmente notable en Úrsula quien varias veces se expresa sobre el tema, llegando al colmo cuando al lanzarse José Arcadio Segundo al sindicalismo con los obreros de la United Fruit Company y organizar la gran huelga, exclama: "Lo mismo que Aureliano. Es como si el mundo estuviera dando vueltas," idea en la que, quizás porque confunde la Astronomía con la Historia, Úrsula demuestra ignorar —entre otras cosas— la enorme diferencia que va de las luchas políticas del siglo XIX a las del siglo XX.

Los últimos Buendía, herederos de mitos y leyendas privados, por los que se sienten unidos al origen tribal, "pre-histórico" de Macondo, a los remotos tiempos en que el sabio y paternalista José Arcadio dirigía los destinos de todos —cuando Macondo era pequeño, limpio, ordenado y autosuficiente— y herederos también de una fracasada participación familiar en la Historia de Colombia, viven encerrados en su propia fantasmagoría. Cuando se asoman al exterior, al mundo de gentes, cosas y actividades *nuevas* que hace años les ha invadido, todo les confunde y asombra. La huelga en la que Úrsula cree volver a vivir en José Arcadio Segundo una historia ya vivida con Aureliano es el golpe definitivo: tras la matanza en que la huelga culmina cae la lluvia de cuatro años, once meses y dos días, y cuando por fin escampa, poco a poco Macondo acaba por desaparecer de la Historia. La novela termina con la muerte de los últimos Buendía y así se cierra el tiempo sin que ya nadie pueda lanzarse al intento de iniciar vida nueva. Más aún: se cierra *como si* fuese un círculo —como si Úrsula tuviera razón— ya que el final llega cuando el último Buendía (un Aureliano)

---

[7] Cf. "Gabriel García Márquez: *Cien años de soledad*," en *9 asedios...*, pp. 74-78.

descifra por fin el viejo manuscrito del gitano Melquiades en el cual se contaba de antemano *(subspecie aeternitatis)* cómo iba a acabar todo.

¿Punto final igual a punto de origen? ¿Apasionante "circularidad" de la que tanto ha hablado la crítica? No puede dudarse, desde luego, que García Márquez pretende aquí que creamos en una "circularidad" de la Historia (o, por lo menos, de su "historia") en la que no creían los personajes que se echan al monte en *La mala hora*: si no fuese ello así no empezaríamos con un "flash-back" del Coronel Aureliano Buendía, no se casi repetirían tantos nombres y situaciones y no tendríamos dentro de la novela el manuscrito de Melquiades en que está ya (¿desde la eternidad?) narrada toda la historia de la novela. El lector que —como Alonso Quijano en las novelas de caballerías— se haya enajenado plenamente en tal juego de ficciones, cerrará *Cien años de soledad* convencido de que, en efecto, ha cerrado un círculo. Pero en cuanto analizamos críticamente el texto, tanto en sí como en su relación con la Historia de Colombia, resulta que: el momento del "flash-back" del Coronel Buendía, con que se abre la novela, no es el del final de la novela; el contenido del "flash-back" no es ni el principio ni el fin de la historia que se nos narra; tras la primera docena de páginas, el resto de la narración es estrictamente lineal y cronológico;[8] las variantes de hechos y rasgos psicológicos hereditarios de los personajes son eso, variantes, y nunca repeticiones absolutas (o sea: en el desarrollo histórico de la genealogía —porque cada individuo necesita de un "otro" para crear— cada uno de los Buendía es, necesariamente, único). Cierto que en los nombres de los perso-

---

[8] No entiendo, por lo tanto, las palabras de José Miguel Oviedo, quien tras de admitir que "el relato adopta una apariencia virtualmente lineal" en la que "apenas" se encuentra "una moderada retrospección" al principio, afirma que, sin embargo, "en realidad, el tiempo de la novela no es sucesivo o cronológico, sino *cíclico*" (*9 asedios...* p. 102). ¿Qué significa decir que el tiempo de la novela no es sucesivo o cronológico" cuando: (a) la narración es lineal y (b) el tiempo que transcurre de punta a punta, los cien años de los Buendía y de Macondo, queda registrado en normal progresión histórica? Es de sospechar que Oviedo —como todos los que así hablan de *Cien años...*— confunde la novela con la fantasía de algunos de sus personajes, un poco como quienes confunden el *Quijote* con Don Quijote.

najes encontramos no sólo variantes (José Arcadio, Arcadio, Arcadio José...), sino repeticiones absolutas; pero, por una parte (2 Úrsulas, 2 Remedios, 2 Amarantes, 3 José Arcadios), no hace falta recurrir a "mitologías," "fábulas" o "círculos" para explicarse este fenómeno en cien años de la historia de una familia, en tanto que el único caso verdaderamente extremo (20 Aurelianos) se explica fácilmente si recordamos que 17 de ellos son hijos de remotas "campañas" del Coronel Aureliano Buendía, que ninguno de los 17 tiene papel de importancia en nuestra novela y que, los más de ellos, ni siquiera aparecen. Por lo que se refiere a los hechos de la Historia de Colombia en los que la narración está inserta, baste insistir en que —piense lo que piense Úrsula de las idas y venidas de su hijo el Coronel— ninguno de ellos es repetición de sí mismo.

¿Y el manuscrito de Melquiades en el que desde el principio de la novela, y tal vez desde antes, están simultáneamente escritos el principio, el final y todas las partes de la misma ("Melquiades no había ordenado los hechos en el tiempo convencional de los hombres, sino que concentró un siglo de episodios cotidianos de modo que todo coexistiera en un instante")? Ya que tanta es la sutileza de quienes —borgianos a su modo— hablan de círculos, se me permitirá indicar —recordando a Espinosa, en cuya tradición ha de encontrarse la verdadera fuente— que por más que en la visión panteísta de la existencia todo instante sea la eternidad y todo lo que sucede en la Historia esté ya en la mente de Dios, ello no implica necesariamente ninguna circularidad en el desarrollo de la Historia. Difícil es, desde luego —si no imposible— concebir una simultaneidad eterna como acontecer (¡aunque Ser!) a la vez ya cerrado pero infinitamente abierto; sin embargo, así ha de concebirse, y el que en la mente de Dios una cosa ya esté hecha —simultáneamente con todas las cosas— no tiene por qué significar que su acontecer histórico sea el punto de círculo ninguno. El manuscrito de Melquiades ha de entenderse, pues, a la manera como en el *Quijote* entendemos los papeles de Cide Hamete Benengeli, como la "metanovela" de nuestra novela; "metanovela" en la que, por lo demás, la visión oracular ("El primero de la estirpe está amarrado a un árbol y el último se lo están comiendo las hormigas"), aunque sea instantánea y eterna, para que alguien la lea ha de desarrollarse también cronológicamente. Pero nosotros no leemos la "metanovela": ni vivimos en lo eterno, ni el novelista es Dios —por más que Vargas Llosa así lo crea [9]—; a nuestro temporal nivel y frente a la novela, lo que encontramos, si miramos bien, es una narración lineal y cronológica.

Si tomamos en cuenta que el momento de la Historia de Colombia en que se cierra *Cien años de soledad* es anterior al tiempo histórico de los primeros cuentos y de *La mala hora*, [10] resulta que la única "circularidad" con que tropezamos es la de un autor que vuelve atrás varios años con la intención de colocar a sus lectores de 1967 en el estado en que se encontraban sus pensonajes todos con anterioridad al inicio de la guerrilla de *La mala hora* (1961-1962): en la ilusión de que la Historia es soledad de tiempo circular, cerrado, y, por lo tanto, en la idea de la inutilidad de toda actividad histórica. Pero García Márquez no ha podido —o no ha querido realmente— demostrar ni que su novela ni que la Historia sean "circulares." Lo que encontramos, en cambio, es un conflicto, una contradicción radical, en la que, por un lado, el novelista revela tener consciencia del desarrollo dialéctico de la Historia así como de la relación dialéctica entre realidad y ficción, en tanto que, por otro, pretende hacernos creer que tales relaciones no existen.

La diferencia.

Lo que debe llevarnos a preguntar: ¿qué ha ocurrido entre *La mala hora* y *Cien años de soledad* para que haya cambiado tan radicalmente la visión del mundo de García Márquez en ese su retorno al estancamiento anterior a la resolución que aparecía como posible en *La mala hora*? Desde luego, según ha notado

---

[9] *9 asedios...*, p. 143.
[10] El dato clave es el tren. Cuando aparece en *Cien años de soledad* tiene 140 vagones; al hundirse Macondo en la miseria post United Fruit queda ya reducido a tres vagones: con tres vagones reaparece una y otra vez en varios de los cuentos y en *La mala hora* (obras escritas, insisto en recordarlo, *antes* de *Cien años...*). Dada la importancia que tiene este "detalle" de tipo cronológico, no puedo estar de acuerdo con Iris Zavala (*op. cit.*) cuando afirma que todas las "hipótesis cronológicas" que elaboremos acerca de *Cien años de soledad* "no son más que ocios del lector."

ya la crítica,[11] estamos frente a un notable cambio de estilo: prodigiosa libertad verbal, mayor tendencia a la fantasía, más metáforas, más símbolos, una brillante destreza en la elaboración de oraciones, párrafos y capítulos enteros característicos de la literatura fantástica (se arranca con sencillez, con aparente apego a la realidad y a la lógica de todos los días y, de repente, una frase, una metáfora, un recuerdo ligeramente desquiciado nos alzan en vilo y entramos a un universo con leyes propias en el que ya es posible todo, como, por ejemplo, el insomnio contagioso); etc.

Pero no podemos conformarnos con saber *cómo* funciona el estilo de *Cien años...* frente al de los cuentos anteriores o al de *La mala hora* aunque un análisis detallado podría rendir varias monografías y satisfacer a quienes, como Carlos Fuentes, repiten ya monótonamente que lo que verdaderamente importa de "la nueva novela hispanoamericana" es la revolución verbal que en ella se ha operado y que —por ella— transformará nuestro continente. La vieja y apenas remozada inversión de las relaciones entre la realidad y su reflejo literario implícita en tales ideas no puede impedir que preguntemos por el por qué, por posibles causas —no literarias— de tal cambio de estilo. Si así lo hacemos nos resulta inevitable recordar ciertas realidades elementales de la Historia de América: como, por ejemplo, que entre 1957 y 1961 (fechas de "El Coronel..." y de *La mala hora*) ha triunfado la guerrilla cubana, la cual bien podría ser el modelo que alienta a los jóvenes que se lanzan al monte al final de *La mala hora*, con lo que parecen sacudirse hacia la libertad las consecuencias terribles del "bogotazo." En cambio, entre 1961 y 1967, fechas que enmarcan la larga pausa que va de *La mala hora* a *Cien años de soledad*, y fechas entre las cuales García Márquez ha sido y dejado de ser corresponsal de Prensa Latina, han fracasado al parecer, o se han estancado, la guerrilla colombiana, la venezolana, la peruana y la guatemalteca; ha sido detenida la revolución en Santo Domingo por obra y gracia de la invasión norteamericana; ha muerto Camilo Torres (y falta muy poco para que muera el Comandante Guevara). Como consecuencia,

---

[11] Cf., por ejemplo, en *9 asedios...*, los ensayos de Carballo, Rama y Vargas Llosa.

me atrevo a sugerir que lo que ha ocurrido entre *La mala hora* y *Cien años de soledad* es una pérdida de la esperanza que, en García Márquez, como en tantos otros casos, lleva a la negación de la Historia vía la creación de mitos (o referencias a "metanovelas" oraculares) y por la creación —nada nueva por cierto— de estructuras seudo-circulares.

Es parte esencial de esta actitud antihistórica la voluntad de mistificación que se objetiva en la constante confusión de lo real (o verosímil) con lo imaginario-fantástico (inverosímil o, incluso, absurdo). Así, vemos cómo todo a lo largo de *Cien años de soledad* —y es ello voluntad de estilo que ya ha señalado la crítica—, de manera prodigiosa, se confunden constantemente los dos planos: traen los gitanos a Macondo una máquina de daguerrotipo, cosa perfectamente real, pero traen también alfombras que vuelan (lo cual, por cierto, hará que años más tarde parezca absurdo que Gastón quiera traer un aeroplano); traen el hielo, cosa que existía y existe, pero es prodigioso absurdo, fantasía pura, pensar que puedan haberlo traído a Macondo sin que se derrita; José Arcadio Buendía tiende a dispararse en fantasías alocadas, pero con ellas, o anda a la busca de cosas prácticas (quiere montar una fábrica de hielo, por ejemplo: no se puede ser más utilitario en el trópico), o emplea cosas muy prácticas, como la máquina de daguerrotipo, para fines disparatados (como querer retratar a Dios); la realidad de la Historia colombiana del siglo XIX se transfigura en la ficción de las batallas de Aureliano Buendía; etc.

Todo lo cual entusiasma a la crítica que ve en *Cien años de soledad* un "prodigioso enriquecimiento" [12] con respecto a la obra anterior de García Márquez, un hacer "ficción" que se justifica exclusivamente porque "resulta entretenida," [13] "una prosa de pasmosa invención situacional"; [14] etc. Así es; pero en el entusiasmo se pasan por alto, entre otros, dos detalles. El primero, que una cosa es la "prodigiosa" fantasía del autor y otra, muy distinta, que esa fantasía sirva para justificar, frente a la realidad, la fantasía de los habitantes de Macondo, que no se

---

[12] *9 asedios...*, p. 142 (Vargas Llosa).
[13] *Op. cit.*, p. 97 (Oviedo).
[14] *Op. cit.*, p. 122 (Rama).

funda sino en una inevitable pero lamentable ignorancia de la realidad. No es extraño, desde luego, que la ignorancia —el aislamiento— de las gentes de Macondo resulte en que la llegada de regidores, de la escuela, la electricidad, la United Fruit Company, les parezcan fantasías —algo así como cosa de gitanos— puesto que una y otra vez en la Historia de América y en la de todo el Tercer Mundo (caballos de Cortés, cañoneros en Asia) han sido sorprendente aparición los trenes de 140 vagones, 20.000 obreros trasplantados, el Sr. Brown, la United Fruit y las señoras americanas con sweaters amarillos y pantalones cortos: molinos que la ignorancia y la imaginación pueden transformar en gigantes. Pero con esta diferencia entre Cervantes y García Márquez: que donde el inventor del arte de novelar mantiene la distancia irónica y, por lo tanto, no se identifica con la ignorancia y la locura de su héroe, García Márquez pretende que, como Úrsula, veamos el mismo fenómeno en la misteriosa llegada del hielo, de las alfombras voladoras y de la United Fruit Company. Y con esta diferencia entre los aislados e ignorantes Buendía y José Arcadio Segundo y los 20.000 obreros: que el conocimiento que adquieren estos últimos, como todo conocimiento, derriba fantasías y permite distinguir entre las alfombras voladoras y la realidad, por desgracia muy distinta, de la United Fruit Company. Aunque a Úrsula todo le parezca lo mismo.

Con lo que llegamos a un aspecto estilístico de *Cien años de soledad*, el otro aspecto clave de la novela que la crítica también pasa por alto: con la llegada de la "Yunai," con la huelga y con la matanza de los 3.000 obreros y sus familias, por primera vez en la novela, lo haya querido así García Márquez o no, toda fantasía queda rebajada a ras de tierra. No importa mayormente precisar si ello se debe a que el novelista se encuentra aquí frente a uno de los hechos más brutales de la Historia de Colombia, antecedente de terribles desgracias, o a la culminación de una Historia ya de por sí terrible, o a que la casi contemporaneidad del hecho le toca de manera muy directa.[15] El caso es que, tras la "misteriosa" llegada del tren

---

[15] Van 40 años, casi justos, de la matanza de Magdalena (1928), "modelo" real de la de Macondo, a la publicación de *Cien años de soledad*. Los puristas del concepto de "generación" tal vez dudarán, por lo tanto,

de 140 vagones, cambia el ritmo de la novela, su andadura y su estilo, y pasamos a una sostenida narración de corte realista en la que es perfectamente claro lo que significa la United Fruit Company según asistimos a cambios económicos, sociales y políticos perfectamente relacionados con su contexto internacional, nacional y local, y asistimos, por lo tanto a un despertar violento de la conciencia histórica de los personajes alertas; despertar sin el cual no se explicaría que José Arcadio Segundo rompa la soledad cerrada de los Buendía y entre en una Historia que cae de este lado de toda "prodigiosa fantasía".

Hasta este momento, de ser necesario, hubiéramos podido distinguir lo real de lo fantástico (las alfombras del daguerrotipo, por ejemplo), aunque el arte del novelista, su lograda voluntad de que no hiciéramos tales diferencias, el hecho de que de esa indiferenciación trataba la novela, impedían que surgiera en el lector tal necesidad. Pero he aquí que, sin disfraz ni confusión, la realidad descrita de manera realista ha irrumpido brutalmente en la soledad de Macondo y los Buendía, violándola para siempre. ¿Podremos ya —el novelista y nosotros— volver a los juegos de la fantasía? Huyendo del Caribe y de recuerdos del pirata Drake, José Arcadio había soñado, a una vez, con armonías tribales y adelantos de la civilización: ¿resolverán sus descendientes tal contradicción, revelada insoslayablemente por los actos de los descendientes del pirata inglés?

Poco después de la matanza de los obreros y sus familias "empezó a llover torrencialmente." Coincidiendo con la lluvia los sobrevivientes de Macondo empiezan a negar que hayan muerto 3.000 personas y, poco a poco, según Macondo se va des-

---

que pueda hablarse de "contemporaneidad" en este caso. Por una parte, sin embargo, hay que tomar en cuenta —como lo han hecho ya algunos críticos— el hecho del impacto de tal matanza en la conciencia de la niñez de García Márquez. Por otra parte, y quizás sea ello incluso más importante, son el "bogotazo" (1948) y la vida y muerte de Jorge Eliecer Gaitán el centro justo de la relación entre el crimen de Magdalena y la publicación de *Cien años...*: García Márquez empieza a escribir entre 1947 y 1955, y ya hemos indicado la relación que existe entre la opresión dominante de las primeras obras y el "bogotazo" (cf. *supra*, pp. 2, 12 y Nota 3); Gaitán, en el Congreso de Colombia, acusa a su Gobierno del crimen de Magdalena el 3 de septiembre de 1929, y es asesinado durante el "bogotazo" el 9 de abril de 1948.

poblando (y según los últimos Buendía van, en efecto, quedándose solos), acaban por negarle toda realidad al sangriento episodio. Y es aquí, según entramos al capítulo siguiente, cuando leemos que "llovió durante cuatro años, once meses y dos días." Y ahora sí se borra la memoria de todos en tanto que la historia de Macondo sigue un rato más, alucinante, hasta que al final sólo quedan calles vacías y un tren de tres vagones del cual casi nunca baja nadie en Macondo.

El significado simbólico es clarísimo y es claro también que García Márquez, como otras veces antes en la novela, ha cruzado lo real con lo fantástico concediéndole a la fantasía valor mítico más que suficiente para que el lector olvide los hechos que, en verdad, llevaron a la destrucción de Macondo. Pero han sido demasiadas las páginas de corte realista, demasiados los años —pasan de cien— de misteriosas llegadas de ferrocarriles a los pueblos de América, demasiadas las huelgas, matanzas y "bogotazos"; y ni en Macondo ni en el Pacífico colombiano ha llovido ni puede llover jamás durante cuatro años, once meses y dos días. Sin necesidad de ser un Sancho, pero distinguiéndose bien de don Quijote, el lector consciente sabe de sobra que lo que ha ocurrido para terminar con Macondo y los Buendía es lo que García Márquez, tras haberlo expuesto claramente, en este momento esconde, y que aquí, de manera ya indiscutible, la fantasía que antes se cruzaba y fundía con la realidad en "prodigiosa" y "pasmosa" invención, es el instrumento con el que quiere borrársele al lector todo recuerdo de la realidad. En las ficciones publicadas por García Márquez antes de *Cien años de soledad* la lluvia era símbolo de una realidad histórica que el novelista no escamoteaba; aquí se pretende que el símbolo ocupe el lugar de la realidad misma (realidad, no lo olvidemos, a la que el novelista, y no nosotros, ha recurrido para armar su ficción). Al convertirse el símbolo en realidad, claro está, el novelista apunta hacia soluciones falsas del problema por él mismo creado (o re-creado).

* * *

Pero se dirá tal vez —porque ya se ha dicho— que así es América, fusión y confusión de realidad y mito, lo quiera o no quien esto escribe. Si con ello se pretendiera recordarnos que existen la ignorancia, el fetichismo, el miedo, la mitología y el pesimismo enfrentados al realismo, el valor, el análisis, la clara voluntad de cambio y de progreso, y que —por lo demás como en todas partes— constantemente se nos ofrecen símbolos por realidades, difícilmente podríamos negarlo. Pero negaremos, por una parte, que América sea, como quiere Iris Zavala, un "espejismo" donde "todo se repite en círculo constante," [16] y, por otra, negaremos que la labor del intelectual —novelista o no— deba dirigirse a perpetuar la ignorancia y los mitos en vez de buscar sus raíces históricas y someterlos a la crítica más severa.

Al negar así estas cosas —que no el talento fabulador de García Márquez ni los mejores momentos de *Cien años de soledad*— negamos también: que "el novelista es Dios," según afirma Vargas Llosa de los novelistas en general y de García Márquez en particular; [17] y que el lector deba acercarse a una novela —a cualquier novela— en la forma pasiva, acrítica y alienada en que, por ejemplo, Alonso Quijano se acercaba a las novelas de caballería. Producto de la labor de un hombre, una novela —al igual que un poema o cualquier otro instrumento de comunicación— se dirige a otros hombres y para algo: no hay, pues, teoría estética formalista que pueda impedir que nos enfrentemos con una novela, como con cualquier otra realidad, polémicamente, críticamente, atendiendo a una vez a su coherencia interna y a su relación con el momento histórico en que se produce.

Al leer así *Cien años de soledad*, como leemos cualquier otro texto, hemos encontrado una —por momentos hermosa— lucha entre el mito y la realidad, la ignorancia y el conocimiento, y hemos visto cómo García Márquez resuelve arbitrariamente la contradicción —que no la supera— exaltando la ignorancia y el mito. Se nos dice —de todas partes— que en ello ha de encontrarse la fuente de una belleza que mana de la absoluta (¿divina?) libertad fabuladora. Podría ser García Márquez el primero que llegue un día a rechazar tan alocado elogio de nunca

---

[16] Iris M. Zavala, *op. cit.*
[17] *9 asedios...*, p. 143 (Vargas Llosa).

usadas humanas libertades: es demasiado su talento, ha vivido al derrotado pero paciente Coronel con demasiado cariño y respeto, y en la narración en que se cuenta la historia de sus últimos años, en "El coronel no tiene quien le escriba," se dice que "todo será distinto cuando acabe de llover." Esperémoslo, aún a sabiendas de que, como dice también el Coronel, tengamos mientras tanto que comer "mierda"; porque a fin de cuentas —y cito de nuevo al viejo guerrero— seguramente será cierto que es el nuestro "un gallo que no puede perder," porque lucha armado del conocimiento de que América no es un "espejismo," sino difícil realidad que se forja día a día, históricamente.

MANUEL PUIG: *LA TRAICIÓN DE RITA HAYWORTH* Y *BOQUITAS PINTADAS*

Marta Morello-Frosch
Ohio State University

Las dos novelas de Manuel Puig: *La traición de Rita Hayworth*[1] y *Boquitas Pintadas*[2] tienen como elemento formal unificador, un medio a-literario: el cine la primera y la radio-novela la segunda. Ambas obras están ancladas en el lenguaje de la cultura popular, según lo difunden los medios masivos: la radio, la revista, el folletín. Estas formas proveen un lenguaje pre-hecho ajeno a la realidad personal de los personajes, y que, por otra parte, no trasciende en forma alguna. Nos encontramos entonces frente a seres cuyo modo expresivo tiene una significación por lo que oculta, y precisamente, por la distancia que lo separa de la actualidad de los personajes. Estos, no viven en su medio lingüístico, sino en forma vicaria, como si ejecutaran un papel preimpuesto, mientras que su actualidad se realiza en el nivel de lo real, de lo nimio, de las adaptaciones diarias a una vida limitada que exige constantes acomodos. Los personajes actúan así, no como entes ilusos, sino como actores de medio tiempo, que recitan un libreto a sabiendas de que no tiene vigencia cuando se recogen a su intimidad. Lo importante es, que como entes sociales, aceptan esta lengua prestada y encubridora; es en este sentido, que su forma de decir, es toda una significación lingüística.

---

[1] Manuel Puig, *La traición de Rita Hayworth* (Buenos Aires, 1968).
[2] Manuel Puig, *Boquitas Pintadas* (Buenos Aires, 1969).

La primer obra de Manuel Puig, *La traición de Rita Hayworth*, apareció bajo ciertas tumultuosas circunstancias: fue rechazada por la editorial Seix Barral y luego por una editorial argentina, debido a la intervención de un linotipista que consideró la obra demasiado cruda en su lenguaje y en sus imágenes.[3] La editorial Jorge Álvarez la publica finalmente en 1968. La obra se lanza así al publico como un problema de lenguaje: traicionado, reemplazado, trastocado y finalmente reducido a lo que no debe ser: a medio que incomunica, a mensaje para oídos sordos, a palabra que deviene grito, y que no podrá ser jamás refutada por interlocutor alguno. El lenguaje de que se trata no es solamente el oral y escrito, sino el de las imágenes mentales, traspasados todos por la influencia del cinematógrafo. El otro aspecto más visible de la temática, es la casi total alienación de la mayoría de los personajes —por lo menos de los que singularmente hablan en alguna forma u otra— exacerbada en Toto, el personaje que domina cuantitativamente y narra la mayor parte de la novela. El argumento de esta refiere las pálidas peripecias de una familia de clase media en un pueblo de provincia bonaerense, el círculo familiar incluye a la madre, al padre, al hijo y al primo huérfano que pasa los veranos con ellos; a un círculo de amigos y parientes. Los sucesos son de una nimiedad predecible en la chatura de la vida provinciana. Los sentimientos y las divagaciones que dichos sucesos producen, y la forma verbal o mental que adquieren, son la materia novelesca.

Trataremos de mostrar cómo el cine —que es el medio formal unificador de esta novela—, constituye un lenguaje prestado, que antecede a los personajes, quienes encuentran en él, no sólo solaz, sino también una última posibilidad de comunicación. Intento fallido, según veremos, pues el mundo real de las películas y su recreación, constituyen una ficción más, extraña a los personajes mismos, que intensifica su aislamiento.

La presencia del cine en la obra es totalmente original en cuanto no se trata como en algunas novelas como *Madame Bovary*

---

[3] En la reseña de la novela publicada en *Mundo Nuevo* n. 18 (diciembre, 1967), y en la de *Sur* (noviembre-diciembre, 1968), se discute bien este aspecto.

o *Don Quijote,* de personajes que viven en los libros en forma vicaria, gratificándose de la mendacidad de su vida o proponiéndose enmiendas. El cine en la novela de Puig, es *otra* realidad, no un refugio: es otra dimensión del ser que permea esta realidad, la diaria. Es un mundo creado y controlado, pero desmontable, no una estructura cerrada impermeable a la vivencia personal. El cine entra así en la vida, se modifican las películas con las experiencias personales, y se peliculiza, por así decirlo, la vida, los sueños, y la película misma. Vida y celuloide son esferas no excluyentes, ni jerárquicamente subordinadas. Si bien el cine puede dar ejemplos de estilo de conducta, de belleza femenina y masculina, se trata siempre, en los pensamientos de los personajes, de la vida como 'puede ser', no como es. La vida adquiere así, para poder tener cierto sentido, la obligatoriedad de conformar con un mundo que no sólo le es totalmente ajeno, sino que deliberadamente trata de ser su imágen más falsa y fantasiosa. Conviene aquí anotar que las preferencias cinematográficas de los personajes, son, naturalmente, ejemplo de este deliberado artificio y revelan la dimensión interior de cada uno: el adolescente Toto prefiere las películas casi asexuadas, en las que el lujo del impacto visual deliberadamente artificial lo instala en una región manifiestamente inexistente. La falta de sexualidad —o su interpretación por parte de este personaje— apunta a una latente pero nunca establecida homosexualidad. Por otra parte, Cobito, el estudiante de escuela secundaria, exacerbado por su naciente sexualidad y su incapacidad por satisfacerla, utiliza un lenguaje oral y mental violentísimo, derivado en gran parte de las películas de gangsters.[4] Estos no son personajes flaubertianos, no añoran otro mundo real, o que imaginan como tal, se desplazan —consciente o inconscientemente— a un mundo que reconocen como ficticio pero que les sirve, en cierto modo, para anclarse

---

[4] En su ensayo "The Gangster as Tragic Hero," Robert Warshow establece la irrealidad del gangster en estos términos: ...the gangster speaks for us, expressing that part of the American psyche which rejects the qualities and the demands of modern life, which rejects "Americanism" itself... The real city, one might say, produces only criminals; the imaginary city produces the gangster: he is what we want to be and what we are afraid we may become...' De *Modern Culture and the Arts,* ed. James Hall and Barry Ulanov (New York, 1967), p. 452.

en el real. Al revés de lo que sucede con los soñadores, que se evaden de lo cotidiano y parecen flotar en el mundo sucedáneo de la fantasía, los personajes de Puig retornan al mundo de lo real munidos de unos conceptos que a pesar de su falsedad, ellos aplican a sus vivencias diarias.

El mundo cinematográfico prefigura, como monstruoso arquetipo ideal, el de sus ensueños, de sus abstracciones, de sus juicios más concretos, o sea el cine da los patrones para lo que llamaríamos el lenguaje mental y escrito de los personajes.[5] En este sentido no los informa, los clausura, y por ende, los forma.

Es necesario insistir en el hecho de que el cine no sólo estructura mentalmente a los personajes, sino que precisamente, su estilo, no las ideas, son las que influyen en los personajes. Estos incluso juegan al cine —con cartoncitos— como si este fuera una realidad —no una meta-realidad— que como la vida, pudiese ser imitada en forma lúdica. El cine se convierte así en un verdadero medio, en el sentido que lo usa McLuhan,[6] ya que cuanto más vacío de contenido conceptual, más eficaz es. La memoria, para los personajes, es una serie de imágenes cinematográficas recordadas y repetidas, con algunas enmiendas, por personajes de la vida real. Así interpretado, el medio cinematográfico es el único punto común a todos los personajes, pero los aísla en vez de comunicarlos, ya que cada uno vive en *sus* películas. Por otra parte, el medio no los impulsa a la acción —como a don Quijote los libros— más bien reduce su campo espiritual. En ningún momento los personajes quieren ser como los héroes de la pantalla, se ven a sí mismos como ausentes, como otra cosa. Es en este aspecto que vemos la presencia del cine como el último vestigio de una forma de comunicación que resulta alie-

---

[5] Las formas escritas de esta novela: la composición escolar, la carta no enviada, el cuaderno de pensamientos (ajenos), el anónimo, intensificación, la gratuidad de estos 'mensajes', todos son, en una forma u otra, palabras ajenas para nadie. En mi artículo "La traición de Rita Hayworth o el arte nuevo de narrar películas," *Sin nombre*, N. 4 (1971), analizo el aspecto formal escrito de esta obra. También lo hace Luis Justo en *Sur* (noviembre-diciembre, 1968).

[6] Nos referimos al tan citado postulado: 'The medium is the message' que da título a un ensayo y es parte de su obra *Understanding Media* (New York, 1954).

natoria, ya que este tipo de lenguaje es exterior y ajeno totalmente a las vivencias del hombre.

Boquitas Pintadas, el segundo libro de Puig, tiene forma de un folletín y de revista y a menudo de radio-teatro. Sobre este fondo de literatura popular, la novela se hace con la lengua del folletín y el mundo imaginario de sus lectores: el consultorio sentimental, las cartas de novios, las dedicatorias de fotografías, las páginas de modas, etc., y utiliza el lenguaje eufemístico de estos géneros. Pero también forman parte de la novela fichas médicas, deposiciones judiciales, informes policiales, lo que podríamos llamar documentos *fidedignos*, traspasados igualmente por la falsedad. Los hechos y la lengua que los describe, no coinciden. El ocultamiento caracteriza tanto al habla 'social' como a la del documento oficial. La lengua así sacada del folletín, del tango, del bolero o del expediente, ha cesado de tener origen real, sirve para encubrir la realidad, y se convierte en un sistema nuevo de símbolos. Así el consultorio sentimental no encierra un vago romanticismo trasnochado, sino que encubre un mal velado erotismo por parte de las lectoras. Las novelas de radio-teatro, al recrear las posibilidades fallidas de los personajes, les permiten no sólo ubicarse allí en esa otra realidad de palabras, sino incluso desplazar totalmente la ficción y a través de ésta, reubicarse en sus vidas. Esto es obvio durante la visita de dos de los personajes femeninos:[7] el diálogo se realiza en forma tangencial, siempre aludiendo no a sí mismas sino a la novela que ambas están escuchando, y sólo gracias a esta ficción logran poder hablar de sus propias desilusiones. No se trata de que sus vidas adolezcan de irrealidad, sino de no tener una lengua que la exprese, así solo desde el bien aprendido lenguaje del folletín pueden hablar de sí.

El mundo de esta novela no es exclusivamente femenino, los hombres, al igual que las mujeres sufren falta de lenguaje propio, y como ellas están traspasados por la retórica del tango, de la revista sensual o deportiva. Los personajes de *Boquitas Pintadas*, como los de la novela anterior de Puig, viven anclados en la realidad, se adaptan con mayor o menor eficacia a las circuns-

---

[7] Se produce en la Decimotercera entrega, pp. 184-200.

tancias de la misma, pero el lenguaje pre-hecho y difundido, les pone pensamientos que su realidad desdice constantemente. Allí reside la distensión entre su actuar y su hablar.

Al no crear una lengua con sus actos ellos —como muchos de los personajes de la cultura de masas— sufren una disociación de la personalidad [8] y el actuar no responde a la lengua. [9] Esta deja de ser un vehículo de expresión del yo, para convertirse en un elemento encubridor del mismo. Creado por entes extraños, en circunstancias completamente ajenas a las propias, [10] el lenguaje del folletín y de la canción popular [11] se convierte en un elemento ficticio en el sentido más literal, y es desde esta ficción, y no desde la realidad de sus actos, que se manifiesta

---

[8] En "Notes on Mass Culture," Irving Howe establece: "Mass culture is thus oriented toward a central aspect of industrial society: the depersonalization of the individual." *Politics*, 5 (Spring, 1948), 120-23.

[9] *Ibid.*: "Mass culture seems always to involve a pact between medium and audience to suppress the free play of the unconscious. Where art stirs a free and rich passage of materials from dream to experience and from experience to dream, mass culture tries to cage the unconscious. It cannot of course, succeed, but it does often manage to dissociate conscious from uncouscious life. The audience therefore responds on two unintegrated levels: surface consciousness ('having a good time') and suppressed unconscious (the distorted evocation of experience by popular culture themes)."

[10] Umberto Eco en su obra *Apocalittici e integrati* (Milano, 1965) establece claramente este hecho: "La situazione nota come cultura de massa si verifica nel momento storico in cui le masse entrano come protagoniste nella vita associata, coresponsabili della cosa pubblica. Queste masse sovente hanno imposto un propio ethos, hanno fatto valere in diversi periodi storici delle esigenze particolari, hanno messo in circolazione un propio linguaggio, hanno elaborato cioè proposte che salgono dal basso. Ma paradossalmente il loro modo di divertirsi, di pensare, di immaginare non nasce dal basso: attraverso le comunicazioni di massa viene proposto loro sotto forma di messaggi formulati secondo il codice della classe egemone..." p. 21.

[11] En un artículo titulado "Popular Songs vs. the Facts of Life" S. I. Hayakawa establece la diferencia entre los "blues" y las canciones populares así: "The words of true jazz songs, especially the Negro blues, tend to be unsentimental and realistic in their statements about life... The words of popular songs, on the other hand... tend towards wishful thinking, dreamy and ineffectual nostalgia, unrealistic fantasy, self-pity, and sentimental cliches masquerading as emotion... The blues tend to be *extensionally* oriented, while popular songs tend to exhibit grave, even pathological *intensional* orientations," *ETC.*, 12 (1955), 83-95. Reprinted in *Mass Culture: The Popular Arts in America*, ed. B. Rosenberg and David Manning White (New York, 1963).

el personaje. Como en el caso del cinematógrafo, los seres no se engañan sobre la verdadera significación de este mundo, saben que es una monstruosa imitación de la vida, pero es precisamente con estas formas que ellos se definen. Y es por eso que las 'boquitas pintadas de rojo carmesí' del tango de Le Pera son las que pueden cantar en la novela, mientras las 'Boquitas azules, violáceas, negras' permanecen silenciosas, cual [12] mudos recuerdos de esa otra realidad que la canción encubre.

---

[12] En una reseña publicada en *Los Libros* (octubre, 1969), pp. 8-9, Héctor Schmucler nota los 'silencios significativos' de esta novela.

CARTA INFORMATIVA SOBRE UN PROLOGUILLO A *LA CIUDAD Y LOS PERROS*

José M.ª Valverde
Trent University, Ontario

> [Este trabajo en forma epistolar, leído en el Coloquio sobre los Narradores Hispanoamericanos de Hoy, surgió con motivo de la preparación de *Asedios a Mario Vargas Llosa,* dirigidos por Luis A. Díez, para la Editorial Universitaria de Chile, que autoriza amablemente su publicación aquí.]

Querido Luis:

Para los *Asedios a Mario Vargas Llosa,* en que me invitas a tomar parte, quizá lo más académico y correcto habría sido redactar un texto crítico especial, pero, si me lo permites, preferiría enviarte esta carta abierta, poniendo por escrito la información que hace tiempo me pediste sobre mi prólogo a la primerísima edición de *La ciudad y los perros,* un texto que tuvo el único mérito —accidental acaso, como se verá, pero insustituible— de ser el primero que se publicara sobre Mario Vargas Llosa —a no ser, posiblemente, alguna crítica de prensa sobre su primer libro de relatos, *Los jefes.* Reconozco sin disimulo que lo hago, en parte, por reivindicar un trofeo personal: a siete años de distancia, y pensando en las otras dos novelas de Mario Vargas Llosa, me puedo considerar afortunado por haber antepuesto a los primeros ejemplares de su primera novela unas páginas que acababan así:

Por mi parte debo confesar que, aunque convencido en teoría de que el género novelístico está difunto, me hube de rendir en seguida a la evidencia de hallarme ante una obra excepcional. Al concedérsele —por rara unanimidad— el Premio Biblioteca Breve 1962, dije a un periodista "Es la mejor novela de lengua española desde *Don Segundo Sombra*": y, amigo de la puntualización pedante, añadí: "que se publicó el mismo año que nací yo, 1926." Ahora lo repito, ya en frío, diciendo también —como J. Middleton Murry cuando saludó en el *Ulysses* de Joyce una pieza maestra—: "Digámoslo claramente, para poder tener nuestra porción de desprecio o de gloria dentro de cien años."

Pero, a la vez, la información de esta carta ha de tener como resultado que los pocos que vieron entonces ese prólogo, quiten importancia a mi propio texto, y, en especial, al hecho de que lo escribiera yo. En aquellos años, era yo miembro habitual del jurado del Premio llamado entonces Biblioteca Breve, de la editorial Seix Barral —premio que, tras el divorcio en la razón social, ha pasado a ser Premio Barral, ostentando así directamente el nombre del inspirador de esa ya gloriosa aventura editorial, el poeta Carlos Barral. Con entusiasmo unánime recibió el Jurado la novela de Mario Vargas Llosa, autor prácticamente desconocido, a pesar del premio "Leopoldo Alas," obtenido, también en Barcelona, por su primer libro de relatos, que, sin embargo, se publicó fuera de los cauces editoriales que obtienen normalmente la atención crítica. Esta victoria, de paso, venía a resolver a mi gusto una polémica planteada anteriormente en el Jurado por mi convicción en cuanto a la supremacía —en las últimas décadas— de la literatura hispanoamericana sobre la española. (Como la mayoría de los lectores de estos *Asedios* no me conocerán, he de añadir la información personal de que soy un poeta y —¡ay!— profesor español, y que nunca he vivido en países hispanoamericanos: en aquellos años, todos los jurados del Premio Biblioteca Breve éramos españoles.) En el año anterior al triunfo de Mario Vargas Llosa, mi tesis "ultramarina" había perdido la batalla a favor de *Eloy*, del chileno Carlos Droguett, que quedó finalista, bajo la objeción de principio —hecha por algunos miembros del Jurado— de ser más corta de lo requerido por las bases del concurso. Mi venganza llegó con Mario Vargas Llosa, a partir del cual, como es sabido, Carlos Barral y su premio se convirtieron sin reservas al "hispanoamericanismo," arrastrando consigo críticos y editoriales, y aún atrayendo luego físicamente a algunos escritores hacia su polo de atracción en Barcelona, ciudad de la que en este momento ha podido decir algún periodista que se está convirtiendo en "la capital de la literatura hispanoamericana."

Por supuesto, la novela de Mario Vargas Llosa no necesitaba prólogo ninguno, y menos aún de una persona con tan escasa resonancia pública como yo. No voy a anotar todas las anécdotas explicativas de la existencia de ese prólogo, porque sería caer en cotillería y en indiscreción personal y política. Lo único esencial —a efectos literarios— es que pareció inevitable que la novela llevara una suerte de "delantal," o más bien parachoques u hoja de parra, para amortiguar la posible reacción escandalizada de ciertas personas y ciertos ambientes, en España, que podían impedir la difusión de la novela. Por aquel entonces yo era considerado todavía como bienpensante, persona de orden, catedrático de la Universidad, etcétera, y se pensó que, siendo también miembro del Jurado, podría cumplir la misión necesaria. Yo, por supuesto, estaba dispuesto a cualquier cosa con tal de que se difundiera esa novela que de tal modo me entusiasmaba, y acepté el encargo, no del todo fácil ni del todo agradable, redactando un texto de cuatro páginas, con un arranque de carácter "diplomático" y un tanto evasivo por la tangente, a través de grandes consideraciones generales sobre el bien y el mal, la sociedad, la juventud actual, la fantasía de los escritores y otros "considerandos" tranquilizadores. Hacia el final, sin embargo, decía algo más útil, que me permito reproducir:

> ...para resumirlo en una palabra clave: se trata de una novela "poética," en que culmina la manera actual de entender la prosa narrativa entre los hispanoamericanos —por fortuna para ellos—. Cada palabra, cada frase, está dicha y oída como en un poema —ya va siendo hora de que se borren las fronteras entre lírica, épica en verso y épica en prosa—. En algunas ocasiones, y precisamente para velar episodios de especial crudeza, el lenguaje se musicaliza, se pone en trance hipnótico: hasta las palabrotas se convierten en elemento rítmico, se depuran en su función de sonido, de creación de

atmósfera, confusa y sugerente a la vez, en que importa más el estado de ánimo que lo que pasa. (Para el lector español, los frecuentes americanismos y peruanismos contribuyen a esa función mágica del lenguaje.)

Y acababa con el párrafo que copié antes; el único párrafo que de veras conservo como una condecoración. Mi texto, con una foto del Jurado tomando whisky, y bajo el título, un tanto despistador, "Un juicio del Dr. José M.ª Valverde," formaba la segunda mitad de un encarte de páginas amarillas evidentemente pegadizo, quizá por considerarse sólo necesario para el mercado español, y que, tras una primera página informativa sobre Mario Vargas Llosa y una noticia sobre el Premio, llevaba —¡ábrete, tierra!— la fotografía del "Patio de entrada del Colegio Militar Leoncio Prado en que tiene lugar la acción de la novela," con la estatua del prócer, mano en la espada. Cuando vi esta foto, ya en los ejemplares impresos, preví que se produciría algún disgusto con los medios autorizadores y autoritarios: de poco servía que yo hablara luego, diplomáticamente, del error de "juzgar a los personajes ficticios como personajes reales," si dos hojas antes se veía, con su mismísimo nombre y estatua, al prócer epónimo de la institución premilitar. (Disgustos aparte, sigo creyendo, como le dije al autor, que, por razones propiamente literarias, habría sido mejor un sencillo cambio de nombres para disminuir el posible aspecto de desquite personal.) La intención ocasional que había dado lugar a mi texto resultaba así fracasada, y hasta quizá mis páginas fueron contraproducentes ante las alturas. No lo supe, y preferí no preguntar: parece que, en efecto, hubo algún tropiezo —una efímera prohibición o algo semejante—. Pero, en los tiempos en que vivimos, "manos blancas no ofenden"; quiero decir, una novela es algo esencialmente innocuo, y los custodios del orden se tranquilizaron en seguida —en parte, sin duda, teniendo en cuenta también el rápido prestigio internacional del nuevo escritor, su estilo minoritario y en lo remoto del país de la acción—. *La ciudad y los perros*, pues, acabó por difundirse debidamente, y pronto dejaron de pegarse en el principio del volumen aquellas páginas, de un amarillo de prospecto publicitario, donde figuraba mi bienintencionado y demasiado plausible texto, que de ese modo quedó ignorado por la mayoría de los que luego se ocuparían de la "literatura crítica" sobre Mario Vargas Llosa. Y yo no lamenté ese eclipse, conciente de lo ocasional de mi texto: por otra parte, había obtenido ya el mejor pago posible por mi trabajo, que fue la amistad personal de Mario Vargas Llosa, el conocimiento de su abrumadora sencillez, de su modestia, que tan esencial parte forma de su clara inteligencia.

Luego vendría la confirmación del juicio en que yo había citado el caso de Middleton Murry ante James Joyce: no hicieron falta cien años, ni siquiera cinco, para ver cumplidas y rebasadas mis expectaciones sobre Mario Vargas Llosa —aunque yo no recibiera por ello "mi porción de gloria" como crítico tempranero. Pero la verdad es que no las había tenido yo todas conmigo en aquel entusiasmo inicial, temiendo, en el fondo de mi alma, que Mario Vargas Llosa fuera a quedarse en autor de una primera brillantísima novela en que quemara su carga de experiencia personal. Sin el *suspense* de un asesinato, sin un sagrado rencor juvenil que sublimar en literatura, ¿podría ir más adelante ese deslumbrante novicio peruano? Todos estamos de acuerdo en que Mario Vargas Llosa ha crecido decisivamente desde esa primera novela que pudo parecer, a la vez, última y definitiva. Y, a mi juicio, también ha crecido desde la segunda a la tercera novela, confirmándose en una esfera superior a la de cualquier otro narrador actual de nuestra lengua. En *La casa verde* se evidenció que Mario Vargas Llosa es un escritor absoluto, "clásico," no limitado por su biografía personal ni aun por la conciencia moral en que comulga con la gran causa histórica de los hispanohablantes en esta hora de auroras revolucionarias, pero sí limitado por la fisonomía de su propio genio creativo, que —para mi gusto, afortunadamente— no le deja ir muy lejos por el camino de lo simbólico y lo fantástico. La natural tendencia hacia aquello para lo que uno menos sirve, por vía de compensación, es lo que me parece explicar la obsesiva atención crítica de Mario Vargas Llosa, por ejemplo, hacia Gabriel García Márquez, escritor a mi juicio de rango no tan alto como él y acaso íntimamente "quemado," al haber abandonado la solidez de aquel primer Macondo de *Cinco minutos de silencio* —luego llamado *La mala hora*—, por ese otro Macondo a lo Chagall o a lo

Hoffmann, donde los personajes levitan, o les salen alas o se transforman en animales dignos del bestiario fantástico de Borges. Aparte de eso, Mario Vargas Llosa, crítico de lucidez total y absoluta al hablar de la situación general de la novela en Hispanoamérica y en el mundo, en cambio, cuando habla en concreto de novelistas y de novelas, atiende, como es natural, a sus intereses profesionales de novelista, buscando lo que más le puede servir como estímulo, materia prima o contraste, con vistas a su futuro trabajo —ahí radica el alto y peculiar valor de sus aparentemente sorprendentes juicios sobre *Tirant lo Blanc* o *L'éducation sentimentale*. Así, aunque Mario Vargas Llosa se pasara los próximos veinte años publicando sólo crítica literaria, yo no temería ya que el novelista hubiera quedado en segundo plano: sus teorías son, en realidad, preparativos para escribir más narrativa.

Con lo dicho, no hace falta que alargue todavía esta carta comentando mi preferencia por *Conversación en la Catedral* —este título debió imprimirse con mayúsculas en la cubierta del libro, en beneficio del juego entre "la Catedral" y "La Catedral," como taberna. En ella he vuelto a sentir toda la emoción directa, en la boca del estómago, que encontré en *La ciudad y los perros*, pero ahora a escala de un país entero —y un país para el que, siendo español, no puedo ser lector extranjero. Es un país entero, y no una escuela, y el protagonista es toda una generación estudiantil; y el escritor aplica toda la sabia riqueza de *La casa verde*, todo su poder hipnótico y obsesivo, para sumergirnos en una realidad vuelta pesadilla.

Pero no voy a intentar ahora un auténtico juicio crítico, ni sobre *Conversación...*, ni sobre el conjunto de la obra de Mario Vargas Llosa, en la que también son parte esencial sus relatos breves. En menos de siete años, sus tres novelas, con creciente calibre de tamaño y dificultad técnica, y con logro cada vez más alto, como en repetido milagro, forman un fenómeno demasiado grande para poder quedar ya rumiado críticamente y valorado en un sistema histórico de pesas y medidas. Hoy por hoy, tras las abrumadas interjecciones de asombro, yo no me sentiría capaz de intentar un análisis justo y válido. Esta carta, pues, como aquel prologuillo de 1963, sólo pretende ser un testimonio de entusiasmo personal, sin estructura teórica ni pretensión literaria ninguna, en nuevo y mejor homenaje a Mario Vargas Llosa.

Tuyo,

José M.ª Valverde

(Peterborough, Ontario, Canadá, diciembre 1970)

SEVERO SARDUY O LA AVENTURA TEXTUAL

Ana María Barrenechea
Buenos Aires

Cuando nos acercamos a la obra de Severo Sarduy,[1] crítico o creador novelesco, llama enseguida la atención la importancia que tiene en ella el hecho lingüístico-semiótico, que todo lo oblitera.

Sarduy se inscribe en ese grupo de artistas que se rebelan contra el concepto aristotélico del arte como imitación de la realidad, llevado al extremo por el siglo XIX.

Por una parte, realidad y lenguaje (es decir también realidad y conocimiento) se alejan a distancias siderales. El hombre nada sabe del mundo que lo rodea y muy poco de sí mismo, la única realidad que cuenta es la de las palabras: los textos son su obra y son él mismo. En Sarduy el lenguaje es distintivo de lo humano y también sinónimo de vida como oposición a muerte. La vida es para él "ese discurso que comenzamos al nacer" (*E*, 66),

---

[1] Severo Sarduy comenzó escribiendo poemas; es autor de dos novelas *Gestos* (Madrid: Seix Barral, 1963) y *De dónde son los cantantes*, Serie del volador (México: Joaquín Mortiz, 1967). Tiene en preparación una tercera novela, *Cobra*. También ha publicado un libro de ensayos *Escrito sobre un cuerpo* (Buenos Aires: Sudamericana, 1968). En este trabajo citaremos la segunda novela con la letra *C* y los ensayos con la letra *E*, seguidas del número de página. Además nos referiremos a las entrevistas que sostuvo Emir Rodríguez Monegal con el autor: "Diálogo. Las estructuras de la narración," *Mundo Nuevo*, núm. 2 (agosto de 1966), pp. 15-26 y "Conversación con Severo Sarduy," *Revista de Occidente*, núm. 93 (diciembre de 1970), pp. 315-43, la primera con la sigla *MNu* y la segunda con *RO*.

y añade en otro momento: "...el hombre se adentra en el plano de la literalidad que hasta ahora se había vedado, formulando esa pregunta sobre su propio ser, sobre su *humanidad* que es ante todo la del ser de su escritura" (*E*, 30).

Si lo único seguro que poseen los hombres es el texto que tejen durante su vida, lo único válido de la obra será el texto y no su supuesta analogía con ese correlato exterior a ella que es "el mundo que nos rodea" para los "realistas puros —socialistas o no—" o "un algo ficticio un 'mundo fantástico'" para los realistas mágicos (*E*, 47). Por eso dice parafraseando a Jean-Louis Baudry, que el texto es una máscara que nos engaña "ya que si hay máscara, no hay nada detrás; superficie que no esconde más que a sí misma, [...] la máscara simula la disimulación para disimular que no es más que disimulación" (*E*, 48). Y afirma acerca de *Compacto* de Maurice Rauche "nada evoca, ni siquiera para reirse de él, un referente exterior al libro mismo" (*E*, 49).

La obra de arte aparece pues, como válida en sí, sin referente externo a ella. Pero ocurre que toda obra literaria es obligatoriamente una construcción de palabras que imita (si no la vida), por lo menos el hecho lingüístico comunicativo que se da en la vida: el que haya uno o más hablantes (el o los narradores), uno o más oyentes, y que se cuente algo, se comunique algo.[2] Es decir que con una mímesis muy particular, la literatura introduce dentro de ella, una ficción de referente, aquello a lo que apunta lo que se está contando. En este esquema comunicativo interno, escenarios, personajes, acciones novelescas son un falso referente metido en el interior de la obra narrativa.

Sarduy utiliza esta estructura particular del hecho literario para librar dentro de la creación novelesca la misma batalla que libra en el campo de los ensayos por la supremacía textual. Po-

---

[2] Severo Sarduy se inició con Roland Barthes en los estudios semióticos y pertenece al grupo de la revista *Tel Quel*, interesado en las investigaciones literarias con el enfoque de los modelos lingüístico-semióticos. Por eso se justifica plenamente que se intente una aproximación a su obra con un modelo también lingüístico-semiótico. Para el concepto de la obra literaria como duplicación interna *sui generis* del hecho comunicativo, véase F. Martínez Bonati, *La estructura de la obra literaria* (Santiago de Chile, 1960).

dríamos decir que su novela *De dónde son los cantantes* adquiere pleno sentido si la pensamos como la puesta en práctica, en el orbe cerrado de sus páginas, de este prodigioso combate entre el signo y su referente, hasta alcanzar la destrucción del referente. Y esa destrucción se logra por la máxima tensión del lenguaje en constante metamorfosis que, como la del fénix, es un infinito morir y renacer.

El texto se impone porque el autor parte de exagerar hasta lo inverosímil el distanciamiento de los dos planos dentro de la obra misma: el plano de la escritura y el plano de la pseudo-realidad. Pero al mismo tiempo porque texto y pseudo-referente se entrecruzan, se sustituyen y se invalidan.

Los analizaremos primero separadamente por necesidades expositivas. Por un lado ese mundo imaginario interno a la obra (es decir lo que el lector ingenuo suele conectar con la realidad) aparece en un trastorno completo, gracias a dos procedimientos centrales: todo acontecer es gratuito y todo ser ha perdido su identidad.

En efecto, todo acontecimiento es gratuito, porque no se sabe qué sucede, para qué o por qué ocurre, y así nos enfrentamos con un mundo en el que es imposible distinguir leyes de causalidad que lo rijan.

También todo ha perdido su identidad. Las personas, los lugares, las acciones, son imposibles de identificar, o chocan opuestamente entre sí, o se imbrican, o se metamorfosean, o se multiplican, o aparecen y desaparecen, o conforman híbridos monstruosos, y acaban por ser máscaras de la nada, seres huecos, historias inanes.[3]

---

[3] Las metamorfosis de los personajes, del paisaje, de las acciones, abundan no sólo en la parte dedicada a la cultura china (que parece exigirlas por el tema: un espectáculo teatral de *travesti* en el Shanghai, *burlesco* habanero), sino en toda la obra. El ejemplo extremo lo constituyen los personajes Auxilio y Socorro que adoptan gestos y fisonomías infinitamente cambiantes. El autor las llama por sesenta y cinco nombres distintos con asombrosa capacidad lingüística creativa, jugando con la imaginación, el humor y la alusión macabra. De ellas ha dicho en la entrevista con Rodríguez Monegal: "Continua metamorfosis, máscaras que cubren otras máscaras, Auxilio y Socorro atraviesan toda la escritura de la novela con sus imágenes dobles." (*MNu*, 20.)

Paralelamente, en el nivel de la escritura, se despliegan en forma paródica los recursos textuales, que son los únicos con existencia propia. La retórica se hace evidente y se muestra en forma descarada.[4]

También ocurre que se mezclan los más variados niveles de lenguaje: la lengua escrita con la oral, lo culto con lo popular, lo español peninsular con lo cubano, desde las provincias de Oriente hasta La Habana. El estilo de los grandes escritores (San Juan, Calderón, Quevedo, Martí, el diario de Colón), el villancico tradicional, la literatura hispanoárabe, aparecen mechados junto con las frases publicitarias (especialmente norteamericanas) los refranes y estereotipos de diferentes lugares y estratos socioculturales, y las letras de las canciones de moda, unas veces en forma vistosa y otras solapada.[5] Y aun interfieren otros lenguajes plásticos heterogéneos: el manierismo y el barroco, junto a l'art nouveau, el cubismo, el arte abstracto y el Pop; Zurbarán, Valdés Leal, Archimboldo, Beardsley, Klimt, Wilfredo Lam, Vasarely, más los carteles anunciadores y las chinoiseries.

Todos los planos de la estructura narrativa como hecho comunicativo se interfieren. Aparecen dialogando los múltiples narradores imaginarios en primera y tercera persona, con los oyentes imaginarios y los personajes. Hasta hay el intento de introducir en la obra lo que es externo a ella, el propio *yo* del autor de carne y hueso, y nosotros, los lectores de carne y hueso.[6]

---

[4] Sarduy ha comentado con referencia al arte Flavio, l'Art Nouveau y el Rococó: "...son las épocas en que la retórica ha sido 'afichada' sin ningún temor; siempre ha habido un gran terror retórico en la historia del arte. En estas épocas que cito, al contrario, la retórica ha sido asumida como tal, es decir, como un ejercicio válido de articulación artística." (*MNu*, 16.)

[5] Un verso de "El son de la loma," da el título a la novela, y la canción "En el bosque de La Habana..." sirve de epígrafe a la narración "Junto al río de cenizas de rosa" (*C*, 23). Pero en otros pasajes las canciones populares están confundidas en el texto, sin señales que las identifiquen o las destaquen. Por ejemplo, figuran en *C*, 12, "se acabó lo que se daba," que pertenece a una guaracha conocida; y "Se acabó el jamón. No hay queso ya," que alude a la canción de "El ratoncito Miguel" famosa en la época de Machado; en *C*, 37 "parece que va a llover" y *C*, 138, "yo no camino más; yo me siento," que también son versos de sones populares.

[6] Los juegos entre personajes, narradores, lectores y autor de distintos niveles abundan en la novela, pero se acumulan especialmente en la parte

Claro está que Sarduy sabe que el autor o el lector que penetran en el ámbito novelesco, se convierten en entes imaginarios como los otros, y no hay posibilidad de mantenerles intacta su naturaleza originaria.[7] Sin embargo, este y otros procedimientos le sirven para el fin que está buscando: "Aquí la narración circula y es constantemente puesta en tela de juicio [...] La verdadera función de la narración está siempre a cargo de la escritura" (*MNu*, 21).

Sarduy ha recordado el *collage*, hablando con Rodríguez Monegal de cómo se desintegra el paisaje cubano en la última parte de la novela, "La entrada de Cristo en La Habana." Entonces sostuvo que "es un *collage* en profundidad, un *collage* hacia adentro" (*MNu*, 20). En realidad nunca se tiene la sensación de profundidad, sino al contrario, de superficie, sin que esto sea un juicio peyorativo. El arte de Sarduy, por haber elegido el texto y la textura, resulta una máscara que oculta la nada, un arte totalmente plano cuya única profundidad provenga, quizás, de su constante alusión al vacío. A no ser que se llame profundidad a la riqueza de textura, al entretejido de los motivos verbales tan variados y a la densidad metafórica.[8] Pero ese no

---

negra, "La Dolores Rondón," donde se acentúa el juego retórico, quizás por influjo favorecedor del tema, pues allí Mortal es un político que parece exigir el estilo oratorio. En la "Nota" (*C*, 151), Sarduy califica así el fragmento: "Este relato —sonoridad, acción: teatro— elucida una décima...."

[7] Cuando Rodríguez Monegal le acota que el *yo* del autor, por el solo hecho de figurar en el libro, se convierte en un *él*, Sarduy asiente pero argumenta: "Sin embargo yo he querido jugar en mi novela con esta ambigüedad, y diría que en ella intervienen dos *yo*: uno al nivel de ese personaje escritor y otro al nivel de *yo mismo* que también juzgo a ese *yo* autor" (*MNu*, 22). A pesar de su deseo, no puede liberar al segundo *yo* de ser también literaturizado, como le ocurre por su parte al lector, del cual dice Sarduy "Asimismo interviene en la novela un lector que es una especie de *caricatura de lector* [...] pide desarrollo, pide desenlace, porque se aburre de las descripciones." (El subrayado es nuestro.) Llamarlo *caricatura* implica confesar su condición literaria.

[8] Sarduy habla de la metáfora como de "esa zona en que la textura del lenguaje se espesa, ese relieve en que devuelve el resto de la frase a su simplicidad, a su inocencia." (*E*, 55, véase tb. *E*, 70). En *RO*, 327 vuelve a usar la palabra *collage*, refiriéndose a las citas que abundan en su nueva novela *Cobra*, pero también recurre al término *textura* al referirse a su obra, rechazando la interpretación simbólica (un nivel accesible que remite a otro subyacente) e interpretándola como "múltiples texturas que coexisten en una misma superficie" (*RO*, 321) "una escritura

es un empleo del término "profundidad" al que estemos acostumbrados ni en literatura ni en artes plásticas.

Hemos visto que por una parte los datos de la pseudo-realidad se trastornan con la falta de identidad, la incongruencia y lo gratuito de las acciones. Por otra, la escritura se instala en un primer plano y se vuelve llamativa con el exceso de endurecimiento de los esquemas retóricos o con el desbarajuste de las jerarquías tradicionales.

Pero quizás lo más interesante de este autor sea el que dentro de la obra se perturban y confunden las relaciones entre el nivel del lenguaje y el de la pseudo-realidad mentada por él. Estamos acostumbrados por las convenciones narrativas a saber cuándo el autor nos habla de cosas y hechos que postula como existentes en el orbe cerrado de la novela y cuándo su lenguaje es una metáfora de esos hechos pseudo-reales: para poner un ejemplo sencillo, sabemos cuándo la palabra clavel nombra a una flor o cuándo es metáfora de una boca roja y tentadora. La literatura contemporánea, especialmente la poesía, nos ha acostumbrado al símbolo privado difícil de interpretar, si no se conoce el sistema simbólico total del autor. Pero en el mundo novelesco de Sarduy no se trata de oscuridades de interpretación. No nos pasa que no entendamos sus símbolos privados, lo que nos ocurre sencillamente es que no sabemos cuándo una expresión es metafórica, cuándo una acción o un objeto es símbolo o alegoría, y cuándo se refiere a cosas de esa pseudo-realidad postulada por la historia que relata. El autor trabaja conscientemente con una total indeterminación de niveles.

Junto a eso puede ocurrir lo opuesto, es decir que la alegoría sea groseramente evidente; pero entonces aparece en forma inesperada y en compañías imprevistas, para que queden anulados todos los marcos de referencia corrientes. No hay situaciones privilegiadas para el símbolo o la alegoría, que al fin resultan, cuando son explícitos,[9] tan gratuitos como los personajes y las acciones.

---

cuyo sentido sería muy neto: inscribir el mayor número de direcciones posibles, dialogar con el mayor número de texturas posibles, en el espacio de un mismo nivel" (*RO*, 323).

[9] Véase, por ejemplo, la escena en que Auxilio está por retirarse del

Las palabras y los procedimientos literarios se imponen a la realidad y la devoran; o a la inversa, lo que se mostraba como retórica resulta, sorpresivamente, traducción de la realidad. Por ejemplo, todo el relato intermedio dedicado a la cultura negra, "La Dolores Rondón," está pautado por la décima de su epitafio; cada capitulillo desarrolla un verso, y para acentuar la arbitrariedad, despliega la historia en el orden que marca la poesía trastornando el orden cronológico de los acontecimientos. El arte impone sus reglas a la vida de un ser que para mayor irrisión fue verdaderamente un ser histórico, según dice la gente de Camagüey. Humorísticamente, Dolores muere "para que el poema se cumpla" (C, 62).

En otro pasaje de la obra (C, 20) leemos la descripción de lo que ocurre en el Self-Service, con una perspectiva que enfoca la escena desde lo alto. Podríamos pensar que es perspectiva elegida por el autor, pero se nos advierte burlonamente que el enfoque literario coincide puntualmente con la pseudo-realidad, porque en el negocio se ha colgado un espejito sobre la cabeza de la cajera para vigilar que los parroquianos no roben.[10]

El punto de vista como procedimiento artístico tiene larga tradición y Sarduy, experto también en artes plásticas, pone a contribución las técnicas de la pintura, del cine y de la literatura. Pero un punto de vista suele tener sentido; la buscona piramidal que *La hora de todos* arrastra en vuelo cabeza abajo es despliegue imaginativo que manifiesta el orden de la justicia divina. En los autores contemporáneos desde Henry James, los enfoques se justifican psicológica o metafísicamente para mostrar una realidad difícil de interpretar, penetrada por diversas miradas humanas. Los enfoques de Sarduy cambian tan gratuitamente, tan impensadamente, tan velozmente como las acciones de sus personajes. La procesión descripta en "La entrada de Cristo

---

Self-Service después de haber repartido sus fotografías, y se vuelve y le dice a Socorro: "Espera. Olvidaba la hoz" (C, 18).

[10] C, 20. El mismo autor se ríe explícitamente del enfoque en otro pasaje de su novela: "Visto desde la retaguardia era como un triciclo [...] Desde la proa, una gruta adiposa [...] Desde abajo no sé cómo se veía porque no pude agacharme más que él, pero imagino que le quedaría bien como fondo el toldo del teatro..." (C, 34).

en La Habana" los altera con ritmo vertiginoso y sin motivo aparente: el relator se acerca en un primer plano, se aleja remoto, muestra los objetos cabeza abajo, entrechoca los enfoques (C, 139, 142, 143).

Si quisiéramos sintetizar el arte de Sarduy diríamos que se caracteriza, precisamente, por las oscilaciones extremas. Por una parte su mundo novelesco prolifera y parece moverse en el juego del azar y de sus combinaciones infinitas, [11] pero al mismo tiempo queda apresado en esquemas literarios de rigidez también notable. Por ejemplo, tomemos la estructura básica de la novela con su nítida división en tres historias ("Junto al río de cenizas de rosa," "La Dolores Rondón" y "Entrada de Cristo en La Habana") enmarcadas por un prólogo que sirve de presentación ("Curriculum cubense") y una "Nota" final. Lo que así queda dividido en compartimientos y organizado en forma tan llamativa es un continuum, una sola masa deliberadamente caótica. La repetición de los personajes, Auxilio y Socorro (y en menor medida Mortal), constantemente metamorfoseados pero persistentes, le confiere la unidad mínima indispensable a la obra de arte, que aquí es la de la máscara multiplicando siempre su mismo vacío, en contraste con esa armazón definida. [12]

Para acentuar el abarrotamiento y el caos de esa masa fluida, los hechos figuran narrados de dos o más maneras distintas, unas pseudo-poéticas y estilizadas, otras pseudo-realistas (aunque nunca con un carácter totalmente unitario). Por momentos la historia se torna circular, empieza y termina con la misma frase, lo cual nos vuelve al punto de partida (C, 91-93), o sin tratarse de un ciclo completo, se intercala un texto que ya leímos en otra

---

[11] El aparente azar está regido sabiamente por el autor. Para darse una idea de la complejidad de reflejos e interferencias véase el comentario que hace de su novela *Cobra*, donde lleva a un extremo mayor que el desplegado en *De dónde son los cantantes* el cálculo minucioso de las combinaciones infinitas intertextuales: "...yo he tratado de practicar en *Cobra* una escritura no de un solo paragrama, apoteosis e irrisión de una cultura única, como ocurría con cada una de las tres secuencias de *De dónde*, sino una especie de *infinitismo*, una escritura que mira a todas partes y que se mira a sí misma" (RO, 327).

[12] El mismo Sarduy comenta esa unidad en la diversidad que le confieren los personajes centrales (*MNu*, 20).

parte del libro.[13] Precisamente, estos procedimientos repetitivos (un hecho narrado en dos claves de lenguaje o en la infinita recursividad del mismo lenguaje) contagian de inanidad a las acciones, y sólo permanece la validez de la escritura *per se*, evidenciada en primer plano.

En otros pasajes echa mano de los reflejos y las duplicaciones. El tapiz que Auxilio y Socorro reciben como presente del Señor en "La entrada de Cristo en La Habana" repite las figuras de los personajes de esa misma historia (la Fe, a Socorro; la Práctica, a Auxilio; el príncipe rubio, a Cristo; Hipo, a Bruno). También la suerte que corre, copia burlonamente sus destinos al ser cortado, despedazado, y luego reconstruido y destruido por partes, en forma disparatada.[14]

Se dirá que hay antecedentes numerosos de todo esto; siempre serán más congruentes en el nivel textual y en el nivel semántico, porque Sarduy parece haber perdido cualquier norte de referencia, para sumergirnos en lo azaroso y lo inane con un

---

[13] Véanse las observaciones que hace sobre el sentido que confiere a las citas de otras partes del libro en *RO*, 327, a propósito de *Cobra*, donde abundan mucho más, y donde planea que "el último capítulo esté compuesto únicamente por citas del propio libro." En la novela que comentamos figuran en *C*, 146, con leves variantes, textos que ya aparecieron en *C*, 13 y 14; *C*, 40 repite el título de la historia que leímos en *C*, 23.

[14] El tapiz que fue descrito en *C*, 98-99 sufre el corte y la primera metamorfosis en *C*, 100 ("Junto al borde derecho de la tela, en una franja que no habían profanado los pies, quedaban un brazo del príncipe y el cuerpo de HIPO. Una monjita muy pía creyó reconocer en él a Nuestro Señor. Así es que lo separó del resto, lo enmarcó en un sudario, y lo colgó detrás de una puerta") y en *C*, 101 se cuenta su destino final ("Como los tijeretazos dejaban manco al príncipe, los bordadores decidieron eliminarlo y con él la bordura floral que enmarcaba tres de los lados. Lo colgaron entre cuernos y escopetas, cosido a un festón azul con cabras y puttis, sobre una alacena de madera. De las orlas se hicieron sobrecamas: el cuerpo del príncipe, víctima de dos restauraciones, fue a dar a la basura"). Bien puede pensarse que la suerte del Príncipe, es en parte paralela a la del Cristo barroco, armado al comienzo de la procesión (*C*, 118) y luego destruido progresivamente: "Lo fueron recogiendo, buscando en el fanguero" *C*, 198. La historia incluye además: las imaginaciones y sueños de Auxilio y Socorro (*C*, 91 y 96), y las figuras de Hipo en el tapiz o de Bruno en la procesión que son simétricas a la del Príncipe en el primero o la de Cristo en la segunda. La escena inmediatamente anterior a la salida de Santiago multiplica los espejeos visuales y auditivos (*C*, 119-120); la figura del Señor prolifera irrisoriamente en las imágenes diminutas o inmensas que poseen los fieles (*C*, 132-133, 138, 139).

juego de humor constante. Las acciones se suceden con el girar de la polea loca, o como disparos luminosos de un flash, o con alternancias de dinamismo y estatismo, sacudimientos y estertores, sin razón para acelerarse o detenerse, radicalmente incontroladas.

A veces los cambios se dan en los mismos personajes, como en la escena de Auxilio y Socorro montadas en las vespas (*C*, 34-36); otras, en personajes diferentes que debieran comportarse en forma igual, como en la escena de la procesión al entrar en La Habana: allí se combina el frenesí extremo de unos fieles (*C*, 138-141) con el hieratismo de los otros, sentados en palcos, los cuales acaban por transformarse en su propia fotografía (*C*, 142). O no ocurre nada u ocurren millares de cosas, en un tempo y una sucesión que podría resumirse en estas dos frases de la misma novela:

> Así pasa un tiempo que no tiene dirección ni mesura. (*C*, 95) ...el son inicial, el son repetitivo, dando vueltas en el aire como un ahorcado. (*C*, 12) [15]

Hasta ahora nos hemos referido únicamente a la obra y al sentido que creemos que quiere dar el autor a su construcción interna: significante y significado, texto y pseudo-realidad en el orbe cerrado de la novela.

Pero existe también el problema del referente externo a la novela, del mensaje o sentido último al que una creación artística puede apuntar. Era de esperar que el referente externo sería negado por Sarduy dada su base teórica, [16] y sin embargo, en contradicción con ella, es el que ha dejado más explícito. En

---

[15] En *MNu*, 20, Sarduy dice de la novela: "...no se trata de una diacronía, de una cronología, sino justamente de una imagen del devenir," y más adelante añade Rodríguez Monegal "Hay en cada parte una oposición dialéctica entre los personajes." Ninguna de las dos frases nos parece adecuada. Imposible pensar nunca en una tesis y una antítesis superada por una síntesis, que dé punto de apoyo a otras oposiciones futuras. La novela está fuera del curso de la historia, en un mundo atemporal, sin devenir. Más acertada parece otra réplica de Rodríguez Monegal: "Está fuera del tiempo y al mismo tiempo abarca todo el tiempo."

[16] Los textos de sus ensayos que citamos al comienzo de este trabajo son unos pocos de los muchos en que ataca toda interpretación de la literatura que se base en referentes externos a la obra. En *RO*, 321, vuelve a

la misma novela que analizamos lo presenta imaginativamente en el capítulo primero llamado "Curriculum cubense" (*C*, 20-21) que es como la síntesis del libro, y luego lo desarrolla en forma discursiva en una "Nota" final (*C*, 151-152).

De dónde son los cantantes es según Sarduy una explicación del ser de Cuba, formado de tres culturas, la china, la negra y la blanca, presentadas en cada una de las historias que la componen. Estas tres culturas están superpuestas pero no fundidas. La nota final inserta en el libro puede ser un nuevo juego y una nueva trampa del autor. Así la novela se mostraría llamativamente como una alegoría y, como la mayoría de las alegorías medievales, llevaría al final la explicación de los valores que representa (hasta con la *excusatio propter infirmitatem,* acentuando lo retórico: *C*, 153).

Pero ya no puede interpretarse como trampa o juego, la actitud de Sarduy fuera de la novela, cuando adopta la posición de escritor doblado de crítico y comenta con toda seriedad las intenciones que lo guiaron al escribirla. En la entrevista con Rodríguez Monegal tantas veces citada, aclara que lo impulsó la preocupación de ahondar en el ser nacional y expresar "la cubanidad." Es decir que él mismo acepta la desechada existencia del referente externo para la obra de arte.

Las tres culturas entretejen la realidad cubana, pero aunque Sarduy no lo advierta nos llama la atención que sean los representantes de las tres principales razas que nos enseñaron en la escuela que poblaban el mundo: la amarilla, la negra y la blanca. Así la obra, que Sarduy quiere que sea metáfora de Cuba, convierte a Cuba en metáfora del mundo, un mundo vacío e inane a fuerza de abarrotado, en el que los dioses (yorubas o cristianos) se han ido, dejándonos dos realidades: el lenguaje y la muerte,

---

insistir en ello. La misma novela que comentamos tiene un pasaje que alude claramente al problema y es aquel en que Auxilio y Socorro descosen el tapiz para buscar en su reverso un mensaje divino: "Socorro indagaba el sentido de la tela. La descosió del forro por ver si ocultaba mensaje escrito; no halló más que el reverso deshilachado de platos y cabezas: islas de nudos, puntadas negras. La cicatriz de las costuras trazaba en la lona otro banquete que era como una burla del visible, desvaído y terroso. El plato de granadas era un remiendo verdinegro; los comensales títeres bizcos" (*C*, 99).

el lenguaje para que nos entretengamos en hacerlo, deshacerlo y rehacerlo, mientras esperamos la muerte. [17]

Árida y desoladora visión, si no la impregnase el color, el brillo imaginativo y el constante juego del humor con que el autor se burla de todo, hasta de sí mismo y de su destino mortal, con un magnífico despliegue paródico [18] de increíble virtuosismo alimentado del jugueteo y la gracia cubana, y sobre todo de esa literatura que es la sola existencia carnal que posee.

---

[17] La muerte aparece en forma grotesca e irreverente cercana a la de Quevedo (un Quevedo incrédulo). Las alusiones son visibles y Sarduy le confiere el valor de elemento constitutivo de la cubanidad junto a los otros tres: "...Auxilio y Socorro están presentes como Parcas. Su constancia es de orden, también, temático: ocupan en la estructura simbólica de la cubanidad, el lugar de la muerte" (*MNu*, 20).

[18] La impresión de patetismo queda borrada, precisamente, porque la nota que predomina es la de la parodia sustentada en modelos culturales. Véase lo que dice en *RO*, 331-332, sobre el barroco y otras manifestaciones que relaciona con el carnaval.

NORTH CAROLINA STUDIES IN THE ROMANCE LANGUAGES AND LITERATURES

I.S.B.N. Prefix 0-88438

Recent Titles

STUDIES IN HONOR OF MARIO A. PEI, edited by John Fisher and Paul A. Gaeng. 1971. (No. 114). *-914-6.*

DON MANUEL CAÑETE, CRONISTA LITERARIO DEL ROMANTICISMO Y DEL POSROMANTICISMO EN ESPAÑA, por Donald Allen Randolph. 1972. (No. 115). *-915-4.*

THE TEACHINGS OF SAINT LOUIS. A CRITICAL TEXT, by David O'Connell. 1972. (No. 116). *-916-2.*

HIGHER, HIDDEN ORDER: DESIGN AND MEANING IN THE ODES OF MALHERBE, by David Lee Rubin. 1972. (No. 117). *-917-0.*

JEAN DE LE MOTE "LE PARFAIT DU PAON," édition critique par Richard J. Carey. 1972. (No. 118). *-918-9.*

CAMUS' HELLENIC SOURCES, by Paul Archambault. 1972. (No. 119). *-919-7.*

FROM VULGAR LATIN TO OLD PROVENÇAL, by Frede Jensen. 1972. (No. 120). *-920-0.*

GOLDEN AGE DRAMA IN SPAIN: GENERAL CONSIDERATION AND UNUSUAL FEATURES, by Sturgis E. Leavitt. 1972. (No. 121). *-921-9.*

THE LEGEND OF THE "SIETE INFANTES DE LARA" (*Refundición toledana de la crónica de 1344* versión), study and edition by Thomas A. Lathrop. 1972. (No. 122). *-922-7.*

STRUCTURE AND IDEOLOGY IN BOIARDO'S "ORLANDO INNAMORATO," by Andrea di Tommaso. 1972. (No. 123). *-923-5.*

STUDIES IN HONOR OF ALFRED G. ENGSTROM, edited by Robert T. Cargo and Emanuel J. Mickel, Jr. 1972. (No. 124). *-924-3.*

A CRITICAL EDITION WITH INTRODUCTION AND NOTES OF GIL VICENTE'S "FLORESTA DE ENGANOS," by Constantine Christopher Stathatos. 1972. (No. 125). *-925-1.*

LI ROMANS DE WITASSE LE MOINE. *Roman du treizième siècle.* Édité d'après le manuscrit, fonds français 1553, de la Bibliothèque Nationale, Paris, par Denis Joseph Conlon. 1972. (No. 126). *-926-X.*

EL CRONISTA PEDRO DE ESCAVIAS. *Una vida del Siglo XV,* por Juan Bautista Avalle-Arce. 1972. (No. 127). *-927-8.*

AN EDITION OF THE FIRST ITALIAN TRANSLATION OF THE "CELESTINA," by Kathleen V. Kish. 1973. (No. 128). *-928-6.*

MOLIÈRE MOCKED. THREE CONTEMPORARY HOSTILE COMEDIES: Zélinde, Le portrait du peintre, Élomire Hypocondre, by Frederick Wright Vogler. 1973. (No. 129). *-929-4.*

C.-A. SAINTE-BEUVE. *Chateaubriand et son groupe littéraire sous l'empire.* Index alphabétique et analytique établi par Lorin A. Uffenbeck. 1973. (No. 130). *-930-8.*

THE ORIGINS OF THE BAROQUE CONCEPT OF "PEREGRINATIO," by Juergen Hahn. 1973. (No. 131). *-931-6.*

THE "AUTO SACRAMENTAL" AND THE PARABLE IN SPANISH GOLDEN AGE LITERATURE, by Donald Thaddeus Dietz. 1973. (No. 132). *-932-4.*

When ordering cite *ISBN Prefix* plus last four digits given with each title.

Send orders to:
International Scholarly Book Service, Inc.
P.O. Box 4347
Portland, Oregon 97208
U.S.A.

www.ingramcontent.com/pod-product-compliance
Lightning Source LLC
Chambersburg PA
CBHW020421230426
43663CB00007BA/1263